Christian Fauré

Christian Fauré est ingénieur et philosophe.

En tant que Partner et Directeur Scientifique chez OCTO Technology, il contribue aux publications et aux travaux de recherche, notamment via l'encadrement des thèses financées par OCTO. Il porte une politique scientifique qui vise à travailler sur des objets de recherche qui sont à l'intersection de différentes disciplines : ingénierie numérique, management, philosophie, anthropologie, économie politique.

Il est par ailleurs auteur et co-auteur de plusieurs publications dont les trois volumes des *Digital Studies* publiés par OCTO, mais aussi *Pour en finir avec la mécroissance* Flammarion (2008), *Les réseaux sociaux* FYP (2012).

Il a travaillé avec le philosophe Bernard Stiegler en tant que membre du conseil d'administration de l'association Ars Industrialis, et en prenant la présidence de l'Institut de Recherche et d'Innovation, crée initialement au Centre Pompidou.

⊙ Remerciements

Un grand merci à tous les contributeurs : Ludovic Cinquin, Alexis Nicolas.
Direction artistique Sophie Delronge - Relecture formelle : Alexandra Caussard.

Pour appliquer les cadres d'analyses présentés dans ce livre blanc à votre contexte : cfaure@octo.com

Introduction

Ce troisième volume des *Digital Studies* n'est pas une anthologie des méthodes de résolution des problèmes. On ne cherche pas ici à faire catalogue, car le sujet est immense et océanique, pensez donc : « la résolution des problèmes », rien que ça ! Notre intention est de **déployer une carte de ce vaste domaine,** non pas qu'il soit un territoire vierge et lointain à découvrir mais, bien au contraire, **un territoire à la fois familier et quelque peu étranger,** comme quand on a le nez sur quelque chose et qu'on n'arrive pas à en voir la forme générale.

Qui dit carte, dit *orientation*, car on ne dessine pas des cartes pour faire des cartes, on les dessine toujours **pour s'orienter.** En ce sens, l'intention est de proposer au lecteur le moyen de s'orienter dans le territoire de la résolution des problèmes, tout particulièrement pour ceux qui œuvrent pour, et qui sont concernés par les questions numériques.

Cela dit, même si le cœur des propos tourne bien autour des questions numériques, le lecteur s'apercevra bien vite que de **nombreuses disciplines sont convoquées ;** outre l'ingénierie, il y trouvera des considérations sur le vivant et la biologie, l'éthologie, l'économie, la philosophie, l'architecture, l'urbanisme et même la thermodynamique pour ne citer que les plus évidentes. Autant de références et de sources d'inspiration sont-elles nécessaires pour un ouvrage qui ambitionne d'aider à s'orienter ? S'il appartient au lecteur de juger si la transdisciplinarité de notre approche procure effectivement les éclairages que nous voulons promettre en introduction, une chose est sûre :

nous sommes convaincus que seule la *transdisciplinarité* peut donner du relief à un sujet tel que la résolution des problèmes.

Nous commencerons par « problématiser les problèmes » en proposant une définition et une typologie des problèmes afin d'amener un premier cadre d'analyse qui nous permettra de mettre en évidence que **ce sont les *relations* problématiques qui priment sur les problèmes,** soulignant ainsi qu'il faut privilégier la question « pour *qui* est-ce un problème ? » plutôt que « *pourquoi* est-ce un problème ? ».

Notre parcours interrogera ensuite la manière de résoudre les problèmes selon que l'on est ingénieur, architecte et Designer, pour finalement mettre en évidence le rôle du *Design* dans toute forme de résolution des problèmes. Ce qui nécessitera de distinguer différentes familles du *Design*.

Enfin, nous proposerons une nouvelle approche de la résolution des problèmes qui **ne doit pas céder aux sirènes du solutionnisme**[1]. En effet, trop souvent la résolution des problèmes n'est qu'une manière détournée de générer de nouveaux problèmes encore plus critiques, c'est la raison pour laquelle nous souhaitons montrer qu'il n'y a aucune fatalité, surtout au regard des enjeux sociaux et environnementaux auxquels le numérique doit faire face.

1. Notion développée par Evgueny Morozov dans « Pour tout résoudre cliquez ici - L'aberration du solutionnisme technologique. »

Table des ma+ières

JACK SWIGERT

« Houston we have a problem ! »

La problématisation des problèmes

N'avez-vous pas remarqué à quel point nous sommes sans cesse occupés, voire obnubilés, par **toutes sortes de problèmes ?** Nous ne cessons de passer de nos problèmes personnels à nos problèmes familiaux puis à nos problèmes professionnels, sans même parler des problèmes sociétaux, qu'ils soient économiques, environnementaux ou sanitaires. C'est à croire que nous n'avons **pas un seul moment de répit** car, même dans les transports en commun ou lors d'une pause, nous nous empressons de sortir nos smartphones pour résoudre les problèmes du jeu *Candy Crush*. Enfin, le soir venu, nous nous régalons avec tous les problèmes auxquels doit faire face le héros de la série *Breaking Bad*.

La question que nous posons en introduction de ce troisième volume des *Digital Studies*, est de savoir si la *problématisation* de toutes nos activités n'est pas elle-même *problématique*. En d'autres termes, n'avons-nous pas tendance à tout voir selon le prisme des problèmes ? Notre rapport au réel n'est-il pas problématique ?

L'enjeu est de donner à voir ce qui est *invisible*, de **percevoir une forme de réalité différente de celle qui s'impose à nous avec évidence.** Parfois, ce que nous ne voyons pas nous est très proche, comme le rappelle Aristote en écrivant en substance que « la seule chose que le poisson ne voit pas, c'est l'eau qui l'entoure ». Cet enjeu n'est pas nouveau, ainsi Platon prenait-il appui sur le mythe de la caverne pour montrer que la réalité que nous voyons n'est que l'ombre d'une lumière, qu'il faut faire une conversion et tourner la tête afin de voir une réalité plus forte. Plus proche de nous, dans le domaine de l'épistémologie (philosophie et histoire des sciences), Thomas Khun a forgé tout un discours sur le rôle des paradigmes pour rendre compte des structures de l'évolution scientifique ; dans les sciences physiques, le passage d'un paradigme Newtonien à un paradigme Einsteinien ne se fait pas en un claquement de doigt. Dans quelque activité intellectuelle que ce soit, il y a toujours la forme d'une évidence qui s'impose à notre regard et qui est difficilement remise en question parce qu'elle est devenue **naturelle,** c'est la raison pour laquelle l'enjeu qui est le nôtre est un enjeu de **conversion.**

S'il nous est arrivé d'affirmer « j'ai changé », c'est que nous avons déjà pratiqué une forme de conversion. La conversion est généralement *une prise de conscience* qui peut revêtir de multiples aspects : cela peut être une conversion religieuse, écologique, politique, ou idéologique.

On peut dire qu'une personne qui a changé son style d'alimentation en devenant vegan s'est réellement convertie parce que son comportement a changé ; idem pour celui qui a décidé de s'engager dans un mouvement politique ou encore dans un mode de vie beaucoup plus respectueux de l'environnement. On ne dira pas pour autant que celui qui plantait un clou avec un maillet puis qui changea d'avis en utilisant un marteau a réellement fait preuve d'une conversion. **Tout changement d'avis ou de tactique n'est pas une conversion,** cette dernière a une forme de *radicalité* qui transforme notre mode d'existence et notre rapport au monde.

« Si vous voulez appâter un ingénieur, donnez-lui un problème à résoudre ! »

C'est donc à une conversion que nous vous invitons, et cela passe d'abord par une prise de conscience de l'omniprésence du couple problème/solution. Pour le dire rapidement, **cette omniprésence est une forme d'hégémonie de la pensée de l'ingénieur** et, comme les expressions en imposent souvent plus en anglais, nous pourrions l'énoncer de la manière suivante : notre époque est dominée par le *Problem Solving Engineering.*

Pour l'ingénieur, tout est problème et sa motivation réside dans la volonté de résoudre un problème : **si vous voulez appâter un ingénieur, donnez-lui un beau problème à résoudre !** En chaque ingénieur sommeille l'esprit de l'enquêteur que Conan Doyle donne à son héros, Sherlock Holmes, qui ne pouvait résister à une énigme bien tordue.

Vivant dans un monde de plus en plus technicisé, à l'heure où la **biosphère,** que décrivait déjà le russe Vladimir Vernadsky en 1926, devient intriquée dans une **technosphère galopante,** notre monde pose, de plus en plus, des problèmes d'ingénierie. Aussi quand, en 1970, l'ingénieur - astronaute John Swigert à bord du vaisseau Apollo 13 dit en substance « Houston, we have a problem » en s'adressant à la terre depuis le vide spatial au sein d'une capsule de concentré technologique, cela devient le mot d'ordre de notre époque, celle des problèmes, et il n'y aura jamais assez d'ingénieurs pour tous les résoudre.

ARCHIMÈDE

« Donnez-moi un point fixe et un levier et je soulèverai la terre. »

Un problème est une question de méthode

Il n'a pas de *problème* sans *obstacle*. Le grec *problemata* étant d'ailleurs construit sur la base des mots « jeter » et « en avant ». **Un problème est ce qui est au-devant et qui fait obstacle à toute forme de progression.** En ce sens, on ne rencontre des problèmes que sur la route, chemin faisant. Celui qui n'a pas d'objectif, qui ne fait que se promener en se laissant aller à la flânerie, ne verra pas nécessairement un obstacle comme étant un problème, il déviera tout simplement sa route et changera de direction. En revanche, celui qui a un objectif – nous dirons plus généralement une *finalité* – considérera l'obstacle comme un problème.

On remarquera que les **métaphores topologiques et spatiales** ne sont pas accidentelles, les mots que nous utilisons font effectivement écho à un *ancrage géographique*. C'est le terme de *chemin* qui cristallise ce champ sémantique, et on ne s'étonnera pas que la résolution d'un problème soit comprise comme étant le chemin qui nous permet de passer outre l'obstacle puisque le mot *méthode* signifie en grec « suivre une route » (μέθοδος, de μετὰ, suivant, et ὁδὸς, voie, route). Ces détours philologiques n'ont rien de bien dépaysant puisqu'au final ils nous rappellent ce que nous savions déjà, à savoir que **la résolution des problèmes pose avant tout une** *question de méthode*.

La méthode est ce qui va indiquer le chemin et nous permettre de **sortir de la désorientation,** de trouver une issue favorable. Pour le Petit Poucet, ce sont des petits cailloux qui vont marquer la trace du chemin dans les bois afin de pouvoir retrouver la maison. Pour le marin esseulé au milieu de l'Océan, dans cette immensité liquide où toutes les traces sont effacées l'instant d'après leur inscription, ce sont les astres (soleil le jour et étoiles la nuit) qui vont lui indiquer le chemin.

Toute activité, si tant est qu'elle tend vers une finalité, doit déployer sa méthode qui est en même temps une *discipline*. **La méthode dit** *comment* et *dans quel ordre* **procéder pour trouver son chemin,** celui-ci pouvant être le chemin pour sortir du bois dans lequel on s'est perdu, le cheminement via une recette de cuisine pour préparer un repas, ou encore celui qui va nous permettre de résoudre un problème mathématique, etc. Autant d'activités et de contextes que de méthodes à mettre en œuvre. **La méthode est la matrice de nombreux termes qui nous occupent dans notre quotidien :** procédures, recettes, processus, algorithmes, etc. sont des déclinaisons de méthodes. Notons également que **résoudre un problème n'a rien à voir avec le fait d'avoir de la chance :** à celui qui arriverait à reconstituer un Rubik's Cube du premier coup, nous lui demanderions de recommencer pour voir s'il a vraiment mis en œuvre une méthode de résolution. Une méthode de résolution de problème doit toujours être *reproductible*, c'est d'ailleurs **cette reproductibilité qui lui confère son statut de méthode.**

ALBERT EINSTEIN

« Le mental vit dans un cercle vicieux. Il crée lui-même les problèmes à résoudre. »

Une typologie des problèmes

Dans un cours de 1974 consacré précisément à la « résolution des problèmes », le philosophe Gilbert Simondon pose comme définition préalable qu'un « problème existe dès lors qu'une *conduite finalisée* rencontre un obstacle à sa réalisation ». Entre ce que nous souhaitons et la réalité, dès qu'une différence s'immisce, c'est la source d'un problème potentiel. Il est à remarquer que l'emphase mise sur la *conduite finalisée* nous rappelle au passage que **c'est au vivant de manière générale que se posent des problèmes ;** une pierre n'a aucun problème, pas plus qu'un logiciel. Et si l'on dit « mon site web a un problème » c'est par abus de langage car, à la vérité, c'est d'abord un problème pour *quelqu'un*.

S'il y a un problème, c'est donc qu'il y a de la vie, car le vivant est en permanence confronté à son principal problème, à savoir rester en vie, et cela vaut aussi pour les organisations vivantes que sont les entreprises. C'est toujours la mort qui, considérée comme étant le problème du vivant, à défaut d'être définitivement résolue, doit être contournée ou repoussée le plus longtemps possible.

Mais faut-il aller jusqu'à dire que toute forme de vie, notamment les plus infimes telles que les microbes ou les bactéries, est déterminée par cette préoccupation à résoudre des problèmes ? Les récentes publications du biologiste Marc-André Selosse[2] montrent l'importance de la symbiose dans le vivant : pas de végétaux ni d'animaux qui vivent et évoluent sans un écosystème symbiotique telles que les mycorhizes, ces symbioses entre les racines des plantes et les champignons du sol. **Ces configurations symbiotiques sont là pour résoudre les problèmes du vivant,** d'où le titre du livre de Marc-André Selosse : « jamais seul », sous-entendu « les problèmes se résolvent collectivement », c'est cela qui produit des écosystèmes, et il en va de même dans le monde de l'entreprise.

Mais ces travaux, comme ceux d'autres biologistes actuels, nous rappellent à quel point **notre vision des problèmes,** notamment via la métaphore du chemin que nous avons utilisée, **est largement surdéterminée par notre statut d'animal,** c'est-à-dire notre capacité à nous déplacer. En effet, la première forme de résolution des problèmes pour les

2. *Jamais seul, Ces microbes qui construisent les plantes, les animaux et les civilisations,* Marc-André Selosse, Ed Actes Sud, 2017.

animaux, c'est de se déplacer pour chercher sa nourriture ou de fuir devant le danger. Sachant que les végétaux et les plantes n'ont pas cette capacité, chacun imaginera qu'il faut ici **déployer d'autres stratégies pour résoudre tous les problèmes qui peuvent se poser,** et nous ne sommes qu'à l'aube de notre connaissance du vivant.

Toute forme de vie, qu'elle soit végétale ou animale, est caractérisée par des conduites finalisées et donc ouverte au vaste champ de la résolution des problèmes. Et **il en va de la résolution des problèmes comme de l'intelligence,** les deux vont de pair. Ainsi le célèbre botaniste Francis Hallé (celui qui installait des radeaux volants sur la canopée de la forêt amazonienne afin de mieux étudier les écosystèmes des forêts primaires), donna avec l'anthropologue canadien Jeremy Narby la définition suivante de l'intelligence :

« Est intelligent tout être vivant qui parvient à résoudre les problèmes qu'il rencontre au cours de sa vie. Cela repose sur deux aptitudes, savoir ***apprendre*** *et* ***savoir garder en mémoire*** *ce qui a été appris pour l'utiliser par la suite ».*

Il y a déjà beaucoup de choses dans cette définition, notamment parce qu'elle introduit les fonctions d'apprentissage et de mémoire. Mais si nous la proposons ici c'est avant tout pour rappeler que **le monde végétal est tout autant concerné par la résolution des problèmes que le monde animal.** Il s'agit juste d'un continent que l'on découvre à peine, au moment même où ses formes de biodiversité les plus importantes s'effondrent. Le courant du biomimétisme n'est que la transposition, dans le domaine de l'ingénierie, des solutions qu'a pu trouver le vivant face aux problèmes auxquels il était confronté : ainsi le vivant devient un catalogue de solutions qui est le fruit de presque 4 milliards d'années d'évolution !

« C'est au vivant de manière générale que se posent des problèmes. »

Le vivant élabore donc en permanence des stratégies de résolution des problèmes et, comme le souligne Francis Hallé, **la mémoire est la clé de toute forme de résolution de problème.** Or il y a trois formes de mémoire, comme nous le rappelions dans *Digital Studies vol.1* :

- la mémoire *génétique* : celle des gènes ;
- la mémoire *épigénétique* : celle des individus, fruit de leurs expériences et apprentissages, mémoire qui laisse les traces de notre vécu dans notre organisme ;
- la mémoire *épiphylogénétique* : celle des supports artificiels de mémoire, qui me permet, par exemple, d'apprendre de la sagesse des stoïciens grâce aux textes qui ont traversé les siècles.

Les stratégies du vivant pour conjurer et repousser la mort se développent dans ces différentes strates mémorielles. Seul l'homme maîtrise le dernier stade, celui des supports artificiels et, pour être encore plus précis, dans son cours de 1974 précédemment cité, **Gilbert Simondon propose trois niveaux de hiérarchie**[3] qui se dégagent dans le processus de résolution mis en œuvre pour tenter d'arriver au but :

1. Un simple *changement de stratégie* : par exemple, un animal qui rencontre un obstacle sur son chemin va tout simplement essayer d'autres chemins jusqu'à trouver un passage. C'est aussi ce qui est utilisé en informatique quand on fait appel à de la force brute pour casser un code en essayant un maximum de combinaisons. La plupart des stratégies de « Test and Learn » voire de *Machine Learning* s'inscrivent également dans cette typologie de résolution des problèmes.

2. Le recours à une *médiation* : c'est ce qui se passe quand vous n'arrivez pas à attraper un objet et que vous allez utiliser un bâton pour augmenter vos capacités. **L'ensemble des outils** du bricoleur que l'on trouve dans un atelier relèvent de cette typologie de résolution des problèmes.

3. Enfin, l'usage de *symboles* représentant les données du problème, et permettant d'y faire des *opérations*.

Il y a toutefois un manque évident dans la typologie de résolution des problèmes que présente Simondon. En effet, il existe des **heuristiques sociales de résolution de problème** qui nous aident, par exemple en sachant à qui demander de l'aide en fonction du problème que l'on rencontre. Une forme **d'intelligence sociale peut ainsi pallier le défaut d'intelligence logique** de celui qui est confronté à un problème ; savoir demander de l'aide quand on ne sait pas comment s'y prendre est bien souvent le premier réflexe que doit avoir un ingénieur qui, la plupart du temps, ne travaille pas seul.

3. *La résolution des problèmes*, Gilbert Simondon, Ed. PUF, 2018, p62. Les italiques sont de Simondon.

PAUL VIRILIO

« Le progrès et la catastrophe sont l'avers et le revers d'une même médaille. »

Les relations problématiques

La résolution d'un problème a toujours à voir avec une *élucidation des formes du problème* qui se pose, c'est la raison pour laquelle on dit souvent qu'un problème bien posé est la base de toute résolution de problèmes[4], ce sur quoi George Polya insistait dans son œuvre classique *Comment poser et résoudre un problème*. Poser un problème, c'est lui donner une forme afin que l'on puisse mieux mettre en correspondance ce que l'on sait avec ce que l'on ne sait pas. Ainsi nous pourrions dire qu'on a un problème que lorsqu'on a des lacunes – que je qualifierais ici de *lacunes informationnelles* – sur ce qui nous préoccupe. **C'est parce qu'il y a du flou dans nos représentations sur quelque chose que ce quelque chose peut devenir un problème** ; et résoudre ce problème c'est dissiper ce flou dans notre esprit (y compris en s'aidant de supports de mémoire pour y parvenir, c'est la troisième catégorie des problèmes de Simondon).

Mais il y a pléthore de choses que nous connaissons mal ou très partiellement, est-ce à dire que tout est problème ? Certainement pas. Quelqu'un peut conduire une voiture sans connaître le fonctionnement interne du moteur, et cela ne sera pas pour autant un problème qui préoccupe ce conducteur. À dire vrai, **il y a deux conditions pour que notre ignorance devienne problématique :**

- la première est *mystérieuse* : telle personne a des affinités avec tel ou tel type de problèmes (la bosse des maths, le génie littéraire, la vocation d'artiste, la main verte, une appétence pour le *hacking*, etc.). Il a alors une tendance à « rechercher » – si l'on peut dire – et à être attiré par un certain type de problèmes ;
- la deuxième est *accidentelle* : elle s'illustre avec le dysfonctionnement d'un outil ou d'un système ; c'est lorsque quelque chose fait défaut qu'on mesure notre vulnérabilité et que des problèmes émergent. L'urbaniste et essayiste Paul Virilio a consacré plusieurs ouvrages à ces questions, ainsi que l'ingénieur et philosophe Jean-Pierre Dupuy.

Ainsi dans le deuxième cas, celui de l'accident, si l'on reprend notre conducteur pour qui le fonctionnement de la voiture n'est pas un problème, une panne sur la

4. George Polya, *Comment poser et résoudre un problème*, 2nde Ed. 1965, Editions Jacques Gabay.

route va le forcer à **reconsidérer sa relation avec le moteur de la voiture,** en la considérant à présent comme problématique. Ce qui tend à montrer qu'**il n'y a pas tant des problèmes en tant que tels, mais plutôt des *relations problématiques*.** Si quelque chose devient un problème, c'est d'abord qu'une relation problématique a émergé. Encore une fois, le moteur, lui, n'a aucun problème (tout comme le site web qui ne fonctionne plus)[5], c'est le conducteur qui en a un, parce que **la relation qu'il avait avec lui a changé,** elle est devenue problématique. Ainsi, en matière pédagogique, on peut dire qu'**une des vertus du pédagogue est d'amener l'élève à trouver problématique sa relation avec la chose qui doit être enseignée,** car un élève qui n'a pas de relation problématique avec un sujet ne peut pas s'y investir, cela le laisse *indifférent* et se traduit par un *ennui* et un *désintérêt*.

« Il n'y a pas tant des problèmes en tant que tels, mais plutôt des relations problématiques. »

Si vous confiez la résolution d'un problème à des personnes qui ne sont **pas affectées par le sujet,** soit par affinité soit par accident (qui devient pour le coup une nécessité), **il y a peu de chances que le problème soit effectivement résolu,** et la démarche qui sera mise en œuvre relèvera soit du tâtonnement (on retrouve ici l'approche par essai-erreur de la typologie de résolution de problèmes proposée par Simondon), soit de l'évitement, ce qui revient à *vivre avec le problème* ou à le contourner plutôt que de le résoudre.

Cela montre au passage qu'il y a plusieurs façons de résoudre un problème puisqu'il s'agit avant tout de résoudre une *relation problématique* qui, elle, est toujours relative et subjective. Ainsi, dans un groupe de travail, il n'est pas rare qu'une solution proposée à un problème ne fasse pas l'unanimité, certains s'en accommodent très bien là où d'autres restent sur leur faim. C'est pourquoi **la résolution des problèmes à l'échelle collective prend toujours la forme d'un compromis,** ce qui n'est pas la même chose qu'une **compromission.** Dans le travail collectif, il faut savoir composer avec les autres et donc, il faut que notre relation problématique avec les choses soit **en affinité avec celle des autres,** et cela revêt des formes particulièrement complexes qui peuvent relever de la sympathie et de toute la multiplicité des relations humaines (« le produit, c'est l'équipe » aiment à dire ceux qui ont réussi une réalisation collective grâce à une forte cohésion d'équipe) mais aussi, comme nous allons le voir, d'**une capacité à représenter visuellement l'espace des liens problématiques.**

5. Cette remarque sur le fait qu'un objet technique n'a pas de problèmes peut être polémique car il existe une éthique des objets techniques, notamment chez Gilbert Simondon, qui leur prête un mode d'existence propre et qui donc ne ramène pas tout à l'homme et faisant des objets techniques nos esclaves.

Dans la vie de tous les jours, qu'elle soit professionnelle ou privée, **il y a plein de situations où le « Good Enough » suffit,** sans quoi nous ne pourrions tout simplement pas vivre. C'est probablement ceux qui prennent trop à cœur certaines choses, au point qu'elles en deviennent obsessionnelles, qui vivent mal l'intensité et l'accumulation des relations problématiques, où tout devient problème. À l'opposé, le bienheureux est celui, comme l'Alexandre du film d'Yves Robert, pour qui rien n'a d'importance si ce n'est « de ne pas s'en faire » (à prononcer en imitant la voix de Philippe Noiret).

Prenons un exemple de la vie quotidienne pour illustrer **le primat de la relation problématique sur le problème :** il y a une fissure dans un des murs de ma maison, mais ce n'est pas un problème pour moi car je peux très bien vivre avec. En revanche c'est un problème pour ma femme, qui m'explique que cela génère de l'humidité, que cela pourrait mettre en cause la structure de notre maison, etc. Bref, elle a une relation problématique avec cette fissure dans le mur que je n'ai pas. Aussi, quand elle vient me dire « on a un problème avec cette fissure » je lui rappelle que non, c'est *elle* qui a une relation problématique avec la fissure. S'en suit bien évidemment une série d'arguments visant à me démontrer *objectivement* que cela est bien un problème et qu'il faut donc le résoudre.

On pose souvent la question « *Pourquoi* est-ce un problème ? », alors qu'il serait plus judicieux de commencer par se demander « Pour *qui* est-ce un problème ? ». Que l'on pense aux problèmes environnementaux et écologiques pour lesquels on tourne en rond à chercher des solutions sans instruire la question du « pour *qui* est-ce un problème ? ». **Trop de solutions sont plaquées sur des problèmes en voulant répondre au « *pourquoi* » sans interroger le « *qui* ».**

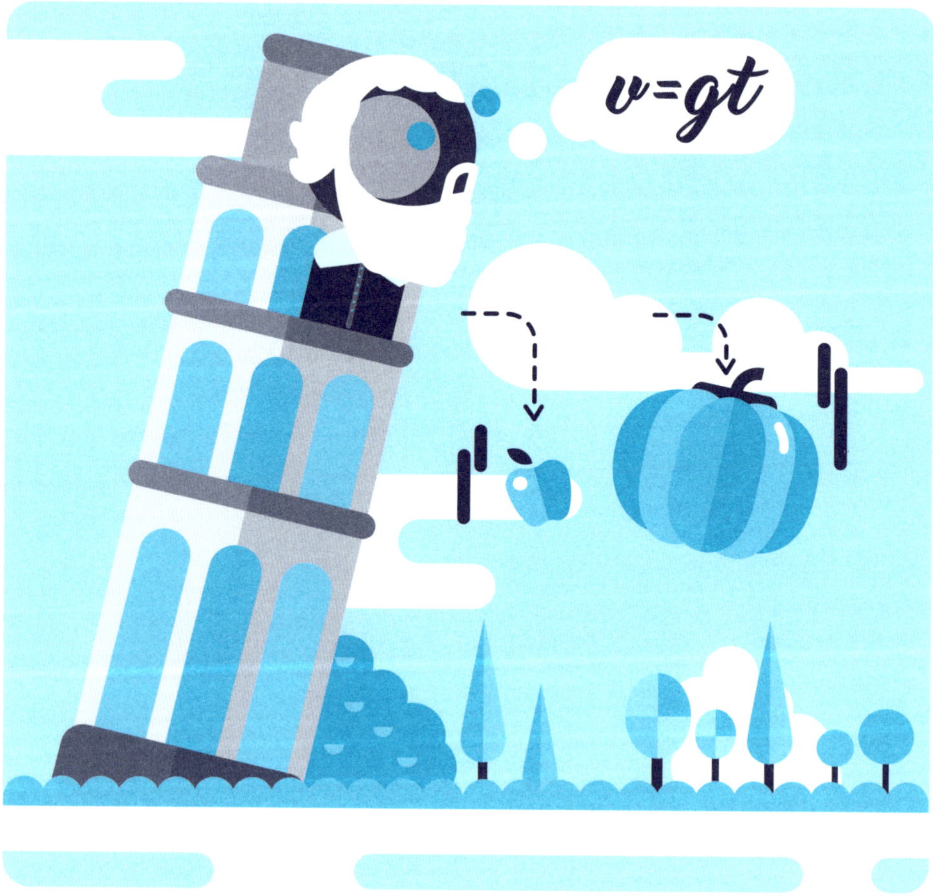

GALILÉE

« Le grand livre de la nature est écrit en langage mathématique. »

Le paradigme cognitiviste : quand résoudre c'est calculer

Résoudre des problèmes en passant par l'utilisation de *symboles* représentant les données du problème, que l'on peut ensuite manipuler via des *opérations*, prend sa source avec **l'invention de l'alphabet phénicien** dont nous avons hérité et qui, parce qu'il découpe *à la lettre* le langage, peut du coup découper de la même manière un problème en symboles afin de le résoudre par des opérations. Dès l'origine, le système d'écriture alphabétique contient en germe **la possibilité que toute résolution de problème puisse être réduite à un calcul,** c'est-à-dire, comme nous le verrons, à un *jeu d'écriture* formel qui va donner ces « procédures effectives » qu'Alan Turing recherchait pour démontrer la décidabilité des axiomes mathématiques.

« Le système d'écriture alphabétique contient en germe la possibilité que toute résolution de problème puisse être réduite à un calcul. »

Depuis les Grecs, l'idée que tout raisonnement – et par voie de conséquence toute méthode de résolution d'un problème – puisse être réduite à une sorte de calcul, est une tentation forte. Cette tentation, présente dans la tradition pythagoricienne jusqu'à Platon, **domine toute la pensée occidentale** mais, chez Platon, si calcul il y a, il porte encore sur le sens des mots, c'est-à-dire sur leur aspect *sémantique.* Avec la modernité, le calcul tend à se déplacer sur l'aspect *syntaxique.* Platon lui-même n'imaginait pas encore que les propositions qu'il formulait puissent se résumer à un calcul formel et abstrait.

Ce fut Hobbes qui, le premier, exprima cette conception syntaxique de la pensée perçue comme un calcul quand il affirma que la « raison n'est que le calcul » au chapitre V de son Léviathan. Puis Leibniz, inventeur du système binaire, enchaîna avec ses travaux sur **un langage formel prenant la forme d'une algèbre symbolique :** « J'ai conçu un élégant artifice en vertu duquel certaines relations peuvent être représentées et désignées de manière numérique[6] », ce qui lui permet de s'enthousiasmer :

« *Alors, il ne sera plus besoin entre deux philosophes de discussions plus longues qu'entre deux mathématiciens, puisqu'il suffira qu'ils saisissent leur plume, qu'ils s'asseyent à leur table de calcul (en faisant appel, s'ils le souhaitent, à un ami) et qu'ils se disent l'un à l'autre : « Calculons[7] ! »*.

La filiation de ce courant de pensée s'ancre fortement au XXe siècle avec les travaux d'Alan Turing autour de la **naissance de l'ordinateur** quand il pose sa fameuse question « de telles machines sont-elles capables de penser ? », ce à quoi le protocole du *jeu de l'imitation de Turing* tentera de répondre en **fondant l'informatique théorique** et en inaugurant du même coup le champ très actuel des travaux sur l'intelligence artificielle.

Dès les années 1960 et 1970, **les fantasmes de la recherche sur l'intelligence artificielle** vont bon train, et il n'est pas rare de lire des déclarations intempestives annonçant que dans « quelques mois » une machine à traduction automatique serait disponible, voire même **une machine à résoudre les problèmes,** ainsi que le relate Hubert Dreyfus dans son ouvrage devenu classique *What Computers still can't do - A critic of artificial reason*[8].

Selon Hubert Dreyfus, « le domaine de l'intelligence artificielle comporte bien des divisions et des subdivisions, mais l'on peut, en gros, classer l'essentiel de la recherche en quatre catégories ». Ces catégories sont les suivantes :

- les jeux ;
- la traduction ;
- la reconnaissance des formes ;
- la résolution des problèmes.

Dans tous ces champs, le cheminement de la recherche suit toujours la même forme de courbe dans les années 60 et 70 : un démarrage marqué par des **succès éclatants,** brusquement suivi de **difficultés auxquelles on ne s'attendait pas.** Les difficultés proviennent du fait qu'une formule générale à elle seule ne peut rendre compte de tout. *Aux programmes algorithmiques* censés obtenir des succès

6. Cité par Hubert Dreyfus in *Intelligence Artificielle. Mythes et Limites*, Flammarion 1984. p.6.
7. in Acta Eruditorum, 1684.
8. Harper &Row, New-York, 1972-1979.

garantis de bout en bout, commencent à se substituer des *programmes heuristiques* qui imitent les méthodes de résolution de problème que l'on observe chez l'homme et qui font appel à une intelligence pratique :

« *Simon et Newell décidèrent de tenter de simuler cette intelligence pratique. On désigna sous le terme de « programmes heuristiques » les programmes ainsi obtenus, pour les différencier de ces autres programmes, au succès garantis, que l'on appelle « algorithmiques », et qui cheminent vers la solution selon un processus exhaustif, mais qui deviennent vite trop lourds à manier dès lors qu'ils ont trait à des problèmes pratiques*[9] ».

Si beaucoup d'éléments de la critique que fit Hubert Dreyfus des travaux sur l'intelligence artificielle restent d'actualité, force est de constater que cette première grande vague n'a plus grand chose à voir avec le *Machine Learning* et le *Deep Learning* des plateformes développées par les géants du web au début du 21ème siècle. Les résultats des deux dernières décennies remettent sur la table à nouveaux frais et avec de nouvelles ambitions cette idée que l'intelligence artificielle puisse être la solution à tous nos problèmes.

Les théories *cognitivistes,* qui émergent avec la publication des travaux de Shannon sur la théorie de l'information à la fin des années 40, sont celles pour lesquelles **la pensée est un processus analogue au traitement de l'information par les ordinateurs.** Elles mettent la **cognition** – c'est-à-dire le calcul compris comme une manipulation de symboles ou de représentations symboliques effectuées selon un ensemble de règles – au cœur d'une vision du monde totalement calculatoire pour laquelle **« résoudre un problème » n'est rien d'autre que calculer,** donnant pleinement raison à Leibniz deux cents ans plus tard.

Mais, à l'heure des formidables succès de l'IA et de leur indéniable efficience, **des fissures et des inquiétudes commencent à apparaître** à propos de la place de l'humain, du vivant, du social. La question des biais de discrimination dans les algorithmes par exemple, induits par les données d'entrainement, dont s'inquiétait la mathématicienne Cathy O'Neil[10], l'auteure de *Weapons of Math Destruction.*

Il est donc possible que la formidable capacité à résoudre les problèmes par le calcul – au-delà de savoir si cela résout bien les problèmes – **génère aussi de nouveaux problèmes.**

9. Hubert Dreyfus in *Intelligence Artificielle. Mythes et Limites,* Flammarion 1984. p.14.
10. Voir son intervention à l'USI : https://blog.usievents.com/cathy-oneal-algorithmes-risque-monde-arbitraire-injuste/

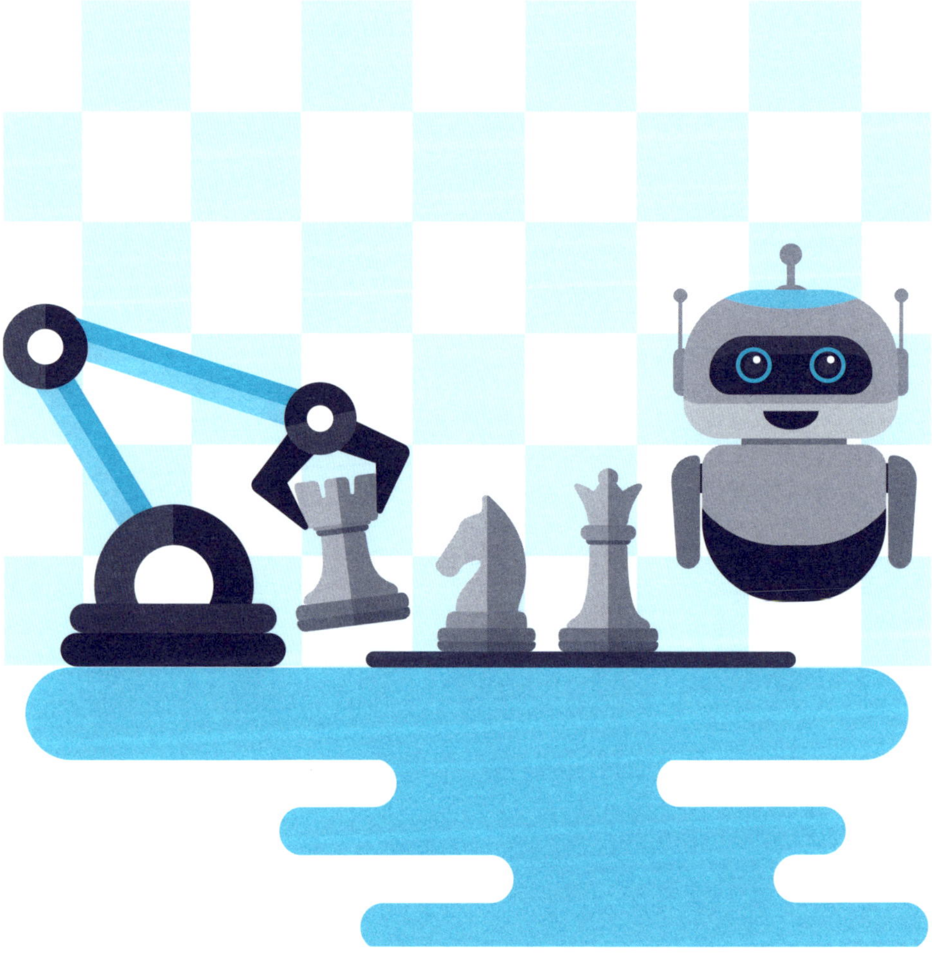

GARRY KASPAROV

« Le cerveau humain n'est pas un ordinateur. »

Machine Learning : Apocalypse not Now

Symptomatique du délire cognitiviste, l'article publié dans le magazine WIRED par Chris Anderson[11] en 2008, représente **cette utopie selon laquelle l'intelligence artificielle deviendrait l'alpha et l'omega de toute résolution des problèmes.** Il suffirait de disposer de données en masse sur un problème pour que des algorithmes de *Machine Learning* fassent le reste. Et si le titre de l'article est *« The End of Theory: The Data Deluge Makes the Scientific Method Obsolete »*, c'est parce qu'il soutient la thèse – il est vrai de manière provocatrice et peut-être sans lui-même y croire réellement – que l'on pourrait dès à présent se passer de toute forme de savoir et de discipline scientifique pour résoudre toute forme de problème[12].

Selon Anderson, **la méthode scientifique serait donc devenue obsolète :** à quoi bon faire des hypothèses et développer des théories si les machines vont **plus vite que nous** et sont **de plus en plus efficientes ?** Mieux vaut supprimer des départements entiers de recherche dans les universités et cesser de financer des chercheurs qui cherchent mais ne trouvent pas, faisant ainsi écho à la citation apocryphe de Charles de Gaulle :

« Des chercheurs qui cherchent, on en trouve, mais des chercheurs qui trouvent, on en cherche ».

On sait que de Gaulle n'a *jamais prononcé une telle phrase* et que sa politique en matière de recherche a démontré tout le contraire, tant il en faisait **un instrument de souveraineté nationale.** Mais cette petite phrase agit comme une ritournelle que sifflotent tous ceux qui ne sont en aucune manière intéressés par les questions scientifiques, mais beaucoup plus par le *solutionnisme idéologique* qu'incarnent trop facilement les travaux sur l'intelligence artificielle.

Kevin Kelly, probablement devant **l'immense réductionnisme du texte de Chris Anderson** dans le magazine dont il fut le fondateur, y fit une réponse indirecte dans son article *« The AI cargo cult »*[13] en 2017, dans lequel il rappelle que la conception de l'intelligence par ceux qui opèrent dans le numérique ne représente qu'une seule dimension qui n'épuise en rien la multiplicité des formes d'intelligence, invitant ainsi à ne pas sombrer dans l'illusion que l'intelligence humaine puisse se résumer à une capacité de calcul :

11. https://www.wired.com/2008/06/pb-theory/
12. Probablement aussi parce qu'il pose en préalable que la science est là pour résoudre des problèmes, ce qui est en fait le travail des ingénieurs comme dit plus haut.
13. https://www.wired.com/2017/04/the-myth-of-a-superhuman-ai/

« Because we are solving problems we could not solve before, we want to call this cognition "smarter" than us, but really it is different than us. »

C'est maintenant une vieille rengaine qui, à n'en pas douter, reste hélas promise à un bel avenir que de **s'illusionner sur les miracles du calcul intensif et l'intelligence artificielle pour résoudre toute forme de problèmes.** La réalité est que ceux qui opèrent ces systèmes dits « intelligents » ont tout intérêt à ce que toute forme *d'alternative* ne puisse se développer, leur assurant ainsi **un monopole du marché des solutions.** Et d'ailleurs, toute voix qui va à l'encontre de leurs résultats se voit rétorquer que le système, malgré quelques ratés, ne cesse de s'améliorer, **il faut juste attendre la nouvelle version,** et l'on revient aux même arguments que dénonçait déjà Dreyfus à la fin des années 60.

Aujourd'hui, dans les entreprises comme dans les services des administrations, se met en place une forme d'attentisme qui drape les solutions basées sur l'IA d'une coloration prophétique. Dans une tribune parue dans le magazine *Association for Computer Machinery* en octobre 2019 intitulée *« AI is not an excuse »*[14], Vint Cerf, pionnier de l'internet et co-inventeur du protocole TCP/IP, n'y va pas par quatre chemins puisqu'il met en garde les entreprises contre cette tendance à se reposer sur les solutions magiques de l'IA : un problème est compliqué ? Il n'y a qu'à attendre que le Machine Learning le résolve pour nous !

« I keep hearing excuses for not working on difficult problems: "Eventually AI will solve this so there's no point working on it now." Sorry, wrong answer. »

Les succès indéniables et phénoménaux des solutions basées sur le *Machine Learning* dans quelques situations précises produisent **un aveuglement général qui rend les entreprises fainéantes ;** là où Chris Anderson affirmait en substance « arrêtez de vous prendre la tête avec des recherches scientifiques, les machines vont tout résoudre plus vite et pour beaucoup moins cher », le même phénomène menace les entreprises qui seraient tentées de « poser le stylo » et d'**arrêter de Designer des solutions à leurs problèmes** en se disant que la magie prophétique de l'IA allait bientôt opérer. Il y a encore et il y aura toujours de quoi travailler en marge des solutions de l'IA :

« I think it is not okay to ignore difficult problems on the assumption they will be solved "automagically" by ML tools. We have huge challenges ahead with ordinary software that we cannot reasonably assume will be solved by AI. »

Le solutionnisme de l'IA est en réalité l'argument soit de la fainéantise soit de l'incompréhension, *packagé* sous l'intitulé marketing du *Problem Solving,* dont nous n'avons pas fini d'entendre les promesses. Il s'agit toujours de résoudre un problème en l'ayant réduit à une forme de calcul, **trop souvent sans la contribution du « métier »** quand on cherche à plaquer des solutions sans prétendre avoir besoin de cette matière première qu'est la connaissance des sachants. En parallèle de la jouissance d'un *résultat court terme,* qui peut humilier les sachants et les

14. https://cacm.acm.org/magazines/2019/10/239663-ai-is-not-an-excuse/fulltext

15. Car les solutions ne pourront venir que de l'extérieur, avec le risque qu'elles soient trop « hors sol » et inappropriées au contexte de l'entreprise.

experts du domaine concerné par des résultats spectaculaires, s'immisce le malheur d'une **perte de savoir à moyen et long terme** et la menace de se retrouver avec des boîtes noires logicielles dont personne ne sait *justifier* ou *expliquer rationnellement* les résultats.

Face à ce constat, il faut réaffirmer une distinction dont aucune organisation ne peut faire l'économie, à savoir que les *questions* scientifiques ont un rapport à la *vérité* là où les *problèmes* technologiques ont un rapport à la *solution*. Or une solution n'est pas la vérité : **la solution produit du soulagement,** qui peut être éphémère, circonstanciel et avec des effets secondaires potentiellement toxiques, là où **la vérité produit des savoirs.** Promouvoir une hégémonie du solutionnisme sans rapport à la vérité et aux savoirs c'est compromettre l'avenir d'une organisation et **sa capacité d'invention dans la résolution des problème[15].**

« Selon Anderson, la méthode scientifique serait donc devenue obsolète : à quoi bon faire des hypothèses et développer des théories si les machines vont plus vite que nous et sont de plus en plus efficientes ? »

Face à la fainéantise des organisations dans l'attente d'un avènement du *Machine Learning* qui résoudrait tous les problèmes – et que dénonce Vint Cerf – **on reconnaît une situation et un dilemme qui est celui auquel a dû faire face Paul de Tarse,** ou saint Paul, dans les premières années du christianisme. En effet, dans la tradition des textes eschatologiques (c'est-à-dire relatifs à la fin du monde ou la fin des temps), le dernier livre du Nouveau Testament intitulé l'Apocalypse de Jean – ou Livre des Révélations – présente aux croyants l'avènement du royaume de Dieu sur Terre.

Ici **« apocalypse » n'a pas du tout la signification contemporaine d'une désolation cataclysmique,** non, c'est plus positivement une bonne nouvelle, celle du retour du Seigneur sur Terre. Dans sa deuxième épître aux Thessaloniciens, Paul exhorte ses correspondants à **ne pas se comporter comme ceux qui « ne travaillent plus » et se dissipent dans l'oisiveté ;** ceux-là ne font rien et sont à la charge des autres, sous prétexte que l'« événement sensationnel » de la « seconde venue » du Christ sur la Terre serait proche. Les propos de Paul de Tarse pourraient très bien s'appliquer aux organisations contemporaines qui sont dans l'attente du royaume, non pas de Dieu, mais de l'intelligence artificielle.

Cette confrontation entre des considérations théologiques et technologiques pourrait sembler incongrue mais il n'en est rien : les firmes qui vendent des solutions technologiques emploient bien des « *Technology Evangelists* » pour **convertir les entreprises.** Par ailleurs, il faut aussi rappeler – ironie de l'histoire – que Vint Cerf est l'evangéliste technologique attitré de Google depuis plusieurs années.

LOUIS PASTEUR

« Les conceptions les plus hardies, les spéculations les plus légitimes,
ne prennent un corps et une âme que le jour où elles sont consacrées par l'observation et l'expérience. »

Le cas Esther Duflo

Esther Duflo, professeure au Massachusetts Institute of Technology, a reçu **le prix Nobel d'économie en 2019.** Ce prix n'a pas manqué de surprendre la communauté des économistes, et c'est aussi la raison pour laquelle le cas Esther Duflo est symptomatique de ce que nous avons présenté jusqu'à présent. En effet, le prix Nobel récompense traditionnellement les travaux scientifiques et les théories économiques, or **Esther Duflo n'a pas à proprement parler de théorie**. Pour ceux qui doutent de la dimension scientifique des travaux en économie – et notamment dans le champ de la macro économie – il n'y aura là aucune surprise car, **si la discipline était scientifique, elle aurait été capable de prévoir et d'anticiper les soubresauts et les crises systémiques** que nous devons affronter depuis au moins des décennies maintenant. Les débats entre économistes semblent aujourd'hui relever plus d'**affrontements idéologiques médiatiques** que de **débats scientifiques argumentés.**

La voie qu'a choisie Esther Duflo en économie est plutôt celle de la microéconomie que de la macroéconomie, avec un choix suggéré par Thomas Piketty de se tourner très tôt vers l'économie appliquée. Elle va ainsi se distinguer par des travaux qui consistent à appliquer *les méthodes de l'industrie pharmaceutique* aux programmes d'aide aux pays en voie de développement. Ainsi ses travaux ne consistent-ils pas à dire quelle est la solution pour enrayer la pauvreté, améliorer les situations sanitaires ou augmenter l'alphabétisation des populations défavorisées (notamment en Inde où elle a beaucoup travaillé), mais à proposer **des méthodes pour évaluer sur le terrain l'efficience des programmes,** souvent internationaux, qui sont menés. Avec notre tropisme d'informaticiens, nous pourrions dire qu'elle s'est contentée d'élaborer des tests de recette sans proposer de solution.

Ces méthodes sont celles qui sont employées pour les essais cliniques, et qui consistent à faire des tests sur des *populations « randomisées »* en jouant sur des effets placebos et en utilisant des *techniques de mathématiques statistiques*. Il s'agit de **calquer les pratiques d'autorisation de mise sur le marché des médicaments à ces « pilules » que sont les programmes d'aide au développement** afin de pouvoir dire ce qui marche et ce qui ne marche pas.

Dans un court article publié en 2017, intitulé « *Pour des économistes plombiers* »[16], elle présente sa vision de ce que doit être le travail de l'économiste :

16. https://lecercledeseconomistes.fr/pour-des-economistes-plombiers/

« *Ces économistes doivent se comporter moins comme des physiciens et plus comme des gens compétents : des dentistes comme le proposait Keynes, ou même plutôt des plombiers, qui utilisent leurs connaissances pour proposer la meilleure solution possible sur le terrain, mais qui font bien attention à ses effets et se tiennent prêts à faire les ajustements nécessaires.* »

Plus loin :

« *Cela implique forcément de* ***résoudre des problèmes*** *auxquels la théorie économique n'a pas pensé. Plus que cela, cela implique de* ***résoudre des problèmes*** *que nous n'avons même pas imaginés.* » *(nos italiques).*

Aux **questions scientifiques** se substitue donc un discours sur la **résolution des problèmes** sur le terrain, via l'analyse statistique de données. Ce discours est proche de celui de Chris Anderson qui disait en substance : « nous pouvons faire parler les données, arrêtons de faire des recherches et d'élaborer des théories ». De fait, les critiques du travail d'Esther Duflo n'ont pas manqué[17] : le coût des études de données est trop élevé pour être généralisé, la compilation des données manque de rigueur et l'on y trouve des incohérences, les résultats bruts sont donnés en négligeant les cheminements explicatifs. Les résultats ne sont que peu transposables à d'autres situations tant géographiques qu'ethniques, des choix d'objectifs intermédiaires objectivables - tels que l'utilisation d'engrais en agriculture - ne sont pas discutés, notamment parce que choisis par les experts de l'équipe de Duflo ou bien ses sponsors, etc.

« Il faut toujours se rappeler qu'un calcul ne résout rien, il donne des résultats mais pas des solutions. »

Au final, **aucune loi générale ne peut être déduite de ces travaux,** et l'on se retrouve dans le cas d'une résolution des problèmes par les données et par le calcul statistique qui fait lui-même débat quant à son sérieux. Faut-il pour autant dénigrer ce type d'approches ? Certainement pas, tout d'abord parce qu'elles donnent un bon coup de fouet aux délires idéologiques des économistes en rappelant l'importance d'avoir des données factuelles sur les politiques économiques menées ; mais cette approche *data-driven* en mode *bottom-up* semble faire l'impasse sur toutes formes de finalités qui sont normalement prises en charge par le *top-down.* Nous y voyons une **mise en garde contre les démarches *data-driven* que souhaitent mettre en place les entreprises :** de telles démarches ne produisent aucune loi générale qui puisse orienter durablement les choix à effectuer, elles tendent également à

17. Voir la page wikipedia consacrée à Esther Duflo : https://fr.wikipedia.org/wiki/Esther_Duflo#Critiques

négliger le coût et les *ambiguïtés dans les modes de collecte et de calcul des données.* Bref, la résolution des problèmes par les données et le calcul n'est pas la panacée : elle est nécessaire mais reste loin d'être suffisante.

La distinction que fait Kant entre l'Entendement et la Raison est assez essentielle pour qu'il soit utile de la rappeler dans le contexte de la résolution des problèmes. Pour le dire rapidement, l'Entendement est la *faculté de calculer*, là où la Raison est *la faculté de se projeter*, c'est le lieu des *finalités.* Nous avons vu que, dans la définition de Simondon, un problème est un obstacle à une finalité, ce qui permet de dire que s'il n'y a pas de finalité, alors il n'y a plus de problèmes. Construire un *Data Lake* d'entreprise pour pouvoir dire que l'on fait du *Big Data* ou encore faire des architectures *micro-services* parce que c'est la mode, le tout en ayant négligé les finalités, n'est la solution à aucun problème. C'est bien pourquoi Simon Sinek a tant de succès quand il rappelle simplement cette maxime : « *start with why* ». **Il faut commencer par interroger les finalités, c'est-à-dire les raisons et les motivations** pour ne pas être submergé – et sidéré – par le déluge des data et du calcul intensif qu'invoquait Chris Anderson.

Il faut toujours se rappeler qu'**un calcul ne résout rien, il donne des résultats mais pas des solutions.** C'est toujours dans l'articulation Entendement et Raison que la résolution des problèmes réside ; c'est aussi pourquoi, dans la plupart des missions qu'OCTO mène, nous aimons mettre en avant cette question des finalités : pourquoi souhaite-t-on faire ceci ou cela ? Pourquoi faire une digital factory ? Pourquoi introduire de l'IA ? Etc.

POLYTECHNIQUE

Les heuristiques de l'ingénieur

Si un problème s'inscrit avant tout dans une *relation problématique,* il devrait y avoir une discipline, que nous pouvons appeler la **problématologie,** qui devrait s'attacher à qualifier et à classer les différentes natures de relations problématiques. Et puisque toutes les relations problématiques ne sont pas de même nature, par voie de conséquence, les méthodes de résolution des problèmes divergent. Ainsi George Polya, dans *Comment poser et résoudre un problème*[18], s'inscrit clairement dans la tradition des *Règles pour la direction de l'esprit* et du *Discours de la méthode* de Descartes, c'est-à-dire dans une tradition de pensée très orientée sur la manière mathématique de poser et de résoudre les problèmes. On notera au passage que la résolution d'un problème suppose une *mise en forme* : **la manière de poser le problème détermine la façon dont on va s'y prendre pour le résoudre.**

Mais, depuis Descartes, la *révolution industrielle* a généré de nouvelles typologies de problèmes que la méthode mathématique seule ne peut prétendre résoudre. Ces problèmes sont par nature *technologiques*, au sens où **la technologie est ce qui va se cristalliser dans la rencontre, vers 1800, entre la technique, la science et l'industrie.** C'est à ce moment qu'est fondée en France l'École Polytechnique afin de former ces ingénieurs qui allaient devoir résoudre la diversité (*poly*) des problèmes que ne manquerait pas de charrier l'ère industrielle.

Pour les États-nations dans un premier temps, puis pour les entreprises, ces *problèmes technologiques* interviennent dans **les trois fonctions clés de toute organisation** qui doit produire en grande quantité : la conception, la fabrication, et la vente (cette dernière surtout au XXe siècle).

Dans cette mutation, **la figure de référence pour la résolution des problèmes n'est plus le mathématicien mais l'ingénieur.** *Discussion of the Method* (2003) de Billy Vaughn Kœn, dont le sous-titre est *Conducting the engineer's approach to problem solving* témoigne du primat de la perspective ingénierique qui n'a cessé de s'imposer depuis le début du XIXe siècle.

Si la résolution des problèmes reste toujours liée à des questions de méthode, la démarche de **l'ingénieur va généraliser le recours à des techniques de résolution des problèmes** appelées *heuristiques*[19]. Les heuristiques sont des techniques ponctuelles qui permettent de *changer la configuration* d'un problème.

18. George Polya, *Comment poser et resoudre un problème*, 2nde Ed. 1965, Editions Jacques Gabay.

19. Les heuristiques existent au moins depuis Archimède en mathématiques, et nous pourrions considérer l'histoire de l'invention du calcul infinitésimal, avec ses approximations en vue de calculer des superficies non rectilignes, comme un lieu privilégié de la mise en œuvre de pratiques heuristiques.

On pourrait dire qu'une méthode est un enchaînement d'heuristiques où chacune permet de surmonter les difficultés et les apories qui se présentent successivement aux différentes étapes de la méthode.

Les heuristiques ont pour vocation de simplifier les difficultés auxquelles on fait face, et cette simplification passe souvent par une *soustraction* ou un *retranchement* afin de diminuer la taille du problème (ce à quoi s'attachent en priorité les approches de type *Domain Driven Design* de nos jours, en cherchant à découper le problème dans des sous-problèmes avec une relative autonomie). Les heuristiques jouent en quelque sorte soit **des jeux de leviers qui permettent de passer d'une échelle à une autre,** soit **des vecteurs qui permettent de passer d'un domaine à un autre** – on pense d'abord ici aux *analogies.* Par exemple, les approches de type bio-mimétiques essaient de s'inspirer de ce que fait le vivant pour trouver des solutions à des problèmes techniques analogues (la forme du Concorde ou des trains à grande vitesse qui s'inspirent de l'aérodynamisme des becs d'oiseaux). C'est cet effet que décrit Hubert Dreyfus quand il rappelle que la recherche en intelligence artificielle, face aux difficultés rencontrées dans les « programmes algorithmiques », commença à élaborer des « programmes heuristiques » censés imiter l'intelligence pratique dans sa manière de résoudre certains problèmes (recours à une analogie heuristique).

« La démarche de l'ingénieur va généraliser le recours à des techniques de résolution des problèmes appelées heuristiques. »

Les heuristiques de l'ingénieur sont là pour l'aider à trouver des solutions *partielles, locales, temporaires* et souvent *approximatives* à des problèmes qui sont globalement plus vastes. C'est parce qu'**elles ne relèvent pas exactement du régime de la vérité absolue** qu'il est aussi difficile de les définir : elles font appel à l'intuition, au flair, à l'expérience, parfois à la ruse. Quoi qu'il en soit, nous pouvons néanmoins souligner la définition de la méthode de l'ingénieur que Billy Vaugh Kœn nous livre dans *Discussion of the Method,* à savoir :

« L'utilisation d'heuristiques pour réaliser le meilleur changement face une situation incertaine et avec les ressources disponibles ».

Par où on voit que ces heuristiques sont largement intuitives et qu'elles ont pour fonction de **dessiner une voie possible vers une résolution qui n'est pas définitive** mais tout au moins la meilleure possible : un *optimum* à défaut d'une vérité. Également, **ces modes de résolution sont toujours sous conditions et sous contraintes,** car ils ont toujours à voir avec la matérialité d'un dispositif ou d'un système technique, d'où la nécessité d'utiliser au mieux les ressources disponibles. À la différence du mathématicien qui traite des idéalités (formes, figures, nombres), **l'ingénieur manipule des artefacts et des systèmes dynamiques bien réels.** En phase de *conception*, il va devoir prendre en compte les conditions d'utilisation ainsi que l'évolution du système technique dans le temps. En effet, concevoir un système pour une utilisation de quelques semaines n'est pas la même chose que concevoir un système qui devra durer des décennies.

Concevoir pour une période temporelle donnée est une heuristique importante pour l'ingénieur mais qui, dans le domaine de l'informatique de gestion, est rarement prise en considération. On développe des applications et des systèmes sans trop savoir quelle sera leur durée de vie ; l'ensemble des parties prenantes peut avoir un avis sur la question mais il y a rarement un *consensus formalisé*. C'est la raison pour laquelle une entreprise qui fait un appel d'offre pour la conception et la réalisation d'un système peut être surprise par **les écarts de prix importants dans les propositions des prestataires :** là où l'un fait de la conception mettant en avant la qualité, l'évolutivité et la maintenabilité du système, un autre peut proposer du « *quick and dirty* » sans trop rentrer dans les détails. **Aucune réponse n'est mauvaise dans l'absolu,** c'est juste que les deux approches n'ont pas pris les mêmes hypothèses sur la temporalité et la durée de vie du système. Une entreprise qui privilégie systématiquement les coûts les plus bas va par définition privilégier les conceptions et les réalisations qui misent sur une très faible durée de vie des systèmes mis en production, mais si ces systèmes ont dans les faits une durée de vie importante, alors le coût total de maintien en condition opérationnelle sera très élevé et en décalage flagrant avec la qualité des services proposés (nous avons tous rencontré ces applications supposées être temporaires qui finissent par s'inscrire durablement dans les systèmes d'information). Il n'est pas rare de constater que **les entreprises qui veulent payer le moins cher pour leur système d'information sont celles qui le paient le plus cher** (en efficacité, en coût humain, en avantage compétitif, en coût administratif, en relation client, etc.).

Outre la question de la durée de vie du système – qui est une manière de répondre à la question « combien de temps la résolution du problème devra-t-elle marcher ? » – une autre heuristique de l'ingénieur est de **prendre des décisions le plus tard possible**. Trop anticiper, c'est bien souvent faire des « stocks de problèmes » qui rendent encore plus difficile leur résolution, et on se retrouve alors avec un autre problème qui devient la **gestion de ce stock de problèmes[20].** On privilégiera donc la prise de décision le plus tard possible et l'on gardera en mémoire que **les heuristiques ne sont pas la panacée ;** une de leurs principales vertus est de *réduire le temps de résolution d'un problème,* mais elles doivent être manipulées avec précautions car, comme le soulignait Billy Vaugh Kœn, le recours à une heuristique ne *garantit pas une solution* :

- différentes heuristiques peuvent être *en contradiction entre elles ;*
- l'intérêt d'une heuristique dépend du contexte immédiat de son application et n'a *pas de portée universelle et absolue.*

Tout cela n'est pas sans nous rappeler le « cas Esther Duflo » qui, finalement, aura bien mérité ce « prix Nobel de l'heuristique en économie », à la suite de **Richard Thaler qui proposait en 2017 une autre forme d'heuristique avec sa « théorie du Nudge »,** ce coup de pouce dans la résolution des problèmes qui opère au niveau du *Design* de l'architecture des choix afin de modifier les comportements.

20. Certaines personnes aiment à se présenter comme étant « overbooké par les problèmes », peut-être en espérant que cela les fasse passer pour les Atlas de l'entreprise, en référence à ce titan de la mythologie qui portait le monde sur ses épaules.

CHRISTOPHER ALEXANDER

« La plupart des constructions merveilleuses dans le monde n'ont pas été faites par des architectes mais par les habitants. »

Les patterns de l'architecte

Nous allons à présent nous tourner vers une figure qui n'est plus celle de l'ingénieur mais celle de **l'architecte**, ce qui aura le mérite d'introduire, à ce stade de notre propos, la question du *Design* que nous souhaitons revisiter à l'aune de notre réflexion sur la résolution des problèmes.

En octobre 1996 à San José en Californie, dans le cadre d'une conférence organisée par l'ACM (Association for Computer Machinery) sur les systèmes et les langages de programmation orientés Objets, l'architecte Christopher Alexander donna **une conférence[21] qui a marqué toute une génération d'informaticiens** qui avaient, durant les années 1970-1990, massivement eu recours aux théories de l'architecte sur les *patterns* en les réintroduisant dans le champ informatique.

A Pattern Language[22], est le deuxième volume d'un ouvrage collectif qui en compte trois, publié sous la direction de Christopher Alexander. C'est un livre culte qui reste le livre sur l'architecture le plus vendu aux États-Unis. Le livre est facile à lire, comme un manuel de recette qui se propose de mettre en évidence des *patterns* dans le domaine de l'architecture (maisons, immeubles, villes, etc.). **Un *pattern* peut se traduire par « configuration »,** et effectivement la liste des *patterns* que donne l'ouvrage est toujours la configuration formée par trois choses : une **solution** trouvée à un **problème** dans un **contexte**.

Aujourd'hui, dans la manière dont se fait le **commerce des solutions** – y compris quand le terme de *pattern* est utilisé – **le « contexte » est ce qui passe presque systématiquement à la trappe.** Ainsi quand Henrik Kniberg répète que l'organisation Agile qu'il a mise en place chez Spotify n'a rien d'une solution clé en main qui pourrait être utilisée telle quelle partout, rien n'y fait et, à son grand désespoir, on continue de parler du « modèle Spotify » comme d'une solution toute prête qui pourrait fonctionner partout, c'est-à-dire de manière *décontextualisée*.

Si nous convoquons ici les travaux de Christopher Alexander, c'est à plus d'un titre et tout d'abord parce qu'il propose une approche du *Design* dans le domaine de l'architecture qui est tout à fait originale. Comme **nous allons faire du *Design* la question essentielle**

21. https://www.youtube.com/watch?v=98LdFA-_zfA
22. *A Pattern Language: Towns, Buildings, Construction*. Christopher Alexander et al. Ed. Oxford University Press, 1977.

de notre propos sur la résolution des problèmes, nous ne pouvions pas ne pas nous y intéresser. Qu'est-ce qui fait la singularité de son travail ? Probablement cette idée qu'**une construction, en tant que lieu de vie, dégage quelque chose d'ineffable et d'innommable.** On peut se sentir bien ou mal dans un lieu, sans pouvoir forcément dire explicitement pourquoi. Il y a une magie des lieux qui les rend uniques et singuliers, et qui pointe vers l'indicible d'un mystère. Point de mysticisme cependant chez Alexander – bien que cela lui soit reproché, à tort selon nous – car cette perspective a ouvert la possibilité d'**une re-fondation des questions du Design en architecture qui a beaucoup inspiré le monde du développement logiciel depuis les années 60 et 70 jusqu'à présent.**

« Un pattern peut se traduire par « configuration », et effectivement la liste des patterns que donne l'ouvrage est toujours la configuration formée par trois choses : une solution trouvée à un problème dans un contexte. »

Comme l'indique le titre du premier tome qui précède *A Patten Language*, intitulé *The Timeless Way of Building*, ce qu'Alexander met en évidence, c'est que **le *Design* peut aussi être le fruit d'un processus récursif d'accumulation historique** qui échappe à une simple conception planifiée.

Pour le dire autrement, le *Design* n'est pas juste la conception d'un « *blueprint*[23] » : il peut être porté par les populations, les habitants qui se transmettent des façons de faire et des recettes de Design souvent implicites. La modestie d'Alexander – qui n'était pas la première de ses qualités – consiste à essayer, **à partir de collections de constructions existantes, d'en faire émerger des configurations récurrentes.** En ce sens, le *pattern* ressemble plus à un diamant produit par les forces telluriques pendant des milliards d'années qu'au résultat d'une construction intentionnelle s'appuyant sur un *blueprint*. D'où les 253 *patterns* exposés dans *A Pattern Language* présenté comme le résultat d'une démarche *bottom-up* essayant de faire émerger quelques règles – un langage – qui peuvent être consultées lorsqu'on est confronté à une activité de *Design* architectural. Ce langage par *patterns* met ainsi en cohérence les trois termes en tentant d'énoncer **quelles solutions** ont émergé face à **quels problèmes** et dans **quels contextes.**

23. Cela fait étrangement écho aux propos du cinéaste Jean Renoir qui déclarait : « Une chose existe, et sa signification vient après. C'est bien pour ça que l'architecture moderne est mauvaise. C'est ma critique de l'époque moderne, qui est une époque où l'on croit au plan, au blueprint. Moi je ne crois plus au blueprint, j'ai l'impression que le plan on devrait le faire après avoir construit la maison ».

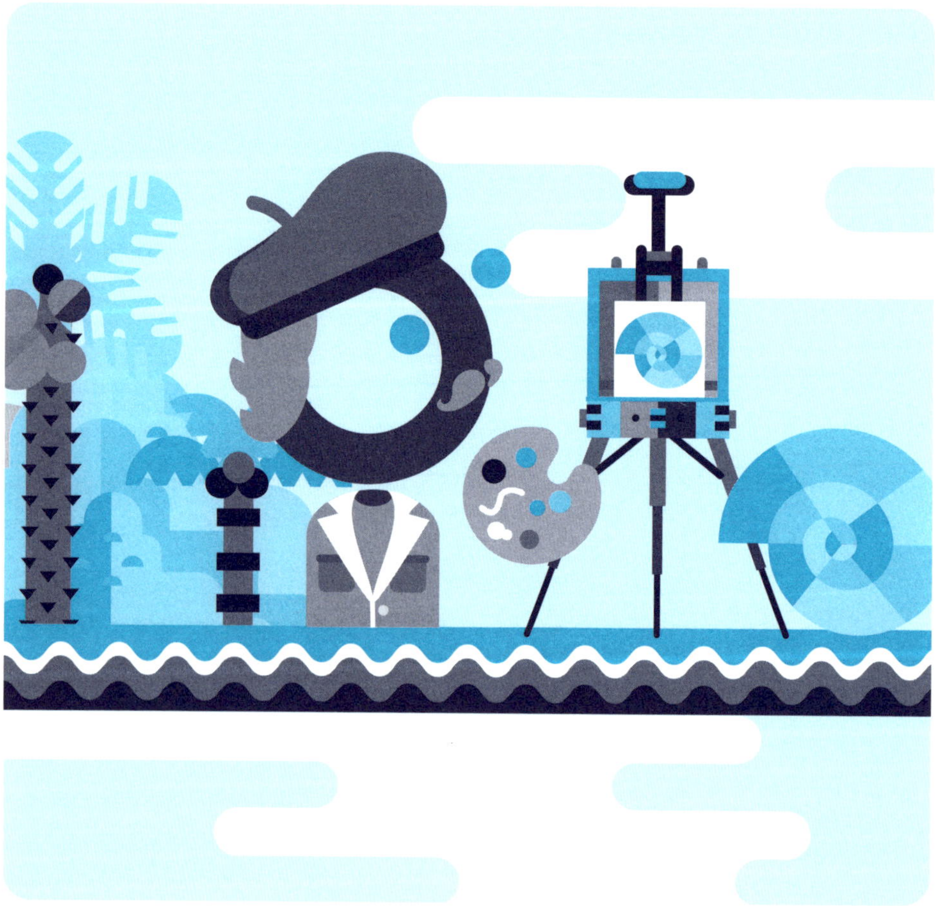

La récursivité dans le Design

Dans son deuxième opus majeur, *The Nature Of Order*, publié en quatre volumes à partir de 2002, Christopher Alexander va dépasser **l'approche statique des patterns descriptifs** (qui sont comme la « photo » d'une configuration qui marche bien) pour donner le primat à une **approche dynamique** (comment en arrive-t-on à de tels *patterns* ?). Le travail de Christopher Alexander a donc inspiré les informaticiens à double titre et à deux moments dans l'histoire du développement logiciel : tout d'abord pour *designer* et maîtriser la complexité logicielle (langage orienté objets, Design patterns) ensuite pour *construire* des systèmes logiciels (processus itératifs incrémentaux qui sont à la racine de l'agilité).

L'approche présentée comme séquentielle, dynamique, ou encore itérative, **a ses racines dans la notion de *récursivité*** qui va beaucoup inspirer les premiers praticiens de l'eXtreme Programming au milieu des années 90, mettant en œuvre ce qui s'appellera les *démarches agiles* quelques années plus tard.

Selon Wikipedia :

« La récursivité est une démarche qui fait référence à l'objet même de la démarche à un moment du processus. En d'autres termes, c'est une démarche dont la description mène à la répétition d'une même règle. »

Les exemples fréquents de récursivité sont :

- une définition de concept qui invoque le même concept ;
- un algorithme qui s'invoque lui-même ;
- une structure définie à partir de l'une au moins de ses sous-structures ;
- une page Web qui fait référence à elle-même ;
- etc.

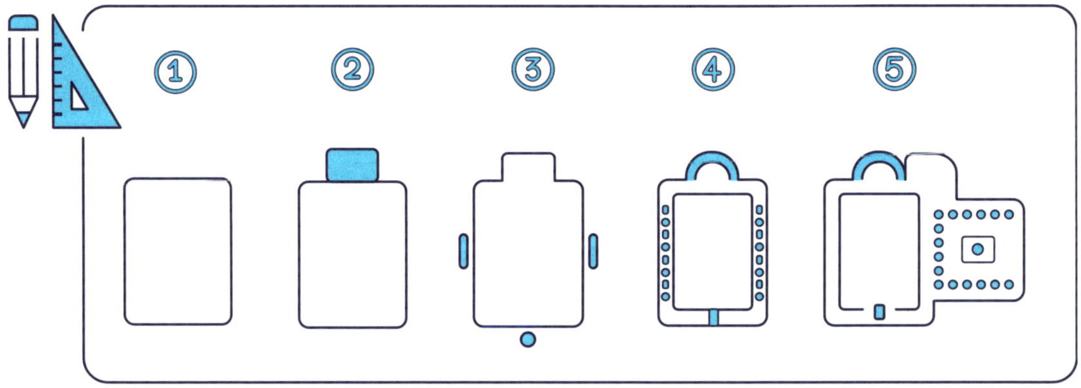

Reproduction des évolutions de l'architecture d'une église, depuis sa forme la plus simple jusqu'à une forme plus élaborée via cette « différenciation progressive de l'espace. »

Christopher Alexander insiste beaucoup sur la nécessaire **différenciation progressive des espaces** en matière d'architecture ; cette progression relève fondamentalement d'une démarche récursive, ainsi que le souligne Jane Quillien qui a travaillé avec Alexander pendant six ans sur les manuscrits de *The Nature of Order :*

« *Une séquence est un agencement temporel des décisions à prendre. La décision n crée le contexte de la décision n+1, qui, à son tour, crée le contexte de la décision n+2. Le résultat d'une séquence de construction est une différenciation progressive d'un espace. Un croquis d'Alexander nous en fournit un exemple simplifié*[24] ».

On ne manquera pas de noter la ressemblance avec l'illustration de la démarche itérative à partir de la Joconde de Léonard de Vinci, originellement proposée par Jeff Patton et que l'on retrouve dans tous les slides qui proposent une introduction aux méthodes Agiles (voir schéma ci-contre).

Il y a certes des similarités avec la démarche qu'illustre Christopher Alexander mais il ne faut pas non plus passer à côté d'une différence importante : là où le schéma de la Joconde est souvent interprété comme procédant d'une esquisse générale initiale qui va se préciser au fur et à mesure **sans faire apparaître de nouveauté radicale,** l'approche d'Alexander met en évidence une extension et l'apparition de parties du bâtiment qui n'existaient pas initialement, même de manière grossière. Il est évident que le modèle qu'essaye de formaliser Alexander se rapproche de la *morphogenèse biologique*[25], à l'image de ces fœtus que De Vinci dessinait dans ses carnets.

24. *Saisir L'insaisissable: Les Cheminements de Christopher Alexander* , Jane Quiilien, disponible en ligne.

25. Alan Turing le père de l'informatique théorique s'est également passionné pour ces questions de morphogenèse : TURING, Alan, 1990. The Chemical Basis Of Morphogenesis. Bulletin of Mathematical Biology. 1990. Vol. 52, n° 1/2, pp. 153-197. Article cité par Giuseppe Longo dans sa lettre à Alan Turing : https://hal.archives-ouvertes.fr/hal-02903799/document

Plus qu'une fonction itérative il faut donc parler d'une fonction récursive car, à chaque boucle il y a du « nouveau », c'est-à-dire de l'*information*, qu'il faut prendre en considération. C'est exactement ce que le lean startup met en œuvre quand il propose de réaliser des *Minimum Viable Products* (les fameux MVP) dont la fonction première n'est pas de faire fonctionner quelque chose mais de **récupérer des informations sur un contexte**. En ce sens, l'illustration de la Joconde est fallacieuse et ne rend pas justice à la capacité créative de la fonction récursive quand elle est comprise comme un simple « jalon d'itération ».

« La récursivité est une démarche qui fait référence à l'objet même de la démarche à un moment du processus. En d'autres termes, c'est une démarche dont la description mène à la répétition d'une même règle. »

Concluons notre escapade dans les travaux de Christopher Alexander en rappelant que dans sa conférence de 1996 précédemment citée, il faisait remarquer que la communauté des développeurs et des informaticiens avait surtout utilisé les *patterns* **comme une fonction de communication** afin que les développeurs puissent échanger des idées lors de la conception logicielle. Ainsi le langage des *patterns* était devenu avant tout un **artefact de conception** là où, pour Alexander, c'était surtout des configurations qui avaient la particularité d'augmenter ce qu'il appelle *le sentiment d'être en vie et de rendre le monde meilleur* parce que plus *habitable*. Aussi termine-t-il sa conférence en avouant qu'en tant qu'architecte **il n'a pas réussi à changer le monde** à travers ses quelques réalisations architecturales qui ne sont qu'une goutte d'eau dans la misère des productions de bâtiments en masse, et il finit par adresser en substance ce message aux informaticiens :

« J'ai besoin de vous, vous êtes ceux qui allez construire le monde de demain car tous les secteurs d'activités vont devenir informatisés. Vous avez utilisé le langage des patterns pour faire des logiciels meilleurs et plus performants, maintenant prenez vos responsabilités en vous demandant s'ils rendent le monde meilleur ! ».

Aujourd'hui encore, vingt-cinq ans plus tard, ce passage de relais est plus que jamais d'actualité ; **en tant qu'informaticiens, nous avons de grandes responsabilités** pour que nos solutions logicielles rendent effectivement le monde plus vivable.

FILIPPO BRUNELLESCHI

Inventeur de la perspective mathématique. Florence, 1415.

Du Thinking Design au Design Thinking

Derrière les figures de l'ingénieur ou de l'architecte dont nous nous sommes servis pour mettre en évidence les *heuristiques*, les *patterns* et la *récursivité* comme méthodes de résolution des problèmes, il y a un mot que nous avons commencé à employer et qui va constituer le cœur de nos développements : **il s'agit du *Design*.**

On rappelle souvent l'origine italienne du *Design* dans le *disegno* de la renaissance italienne, **ce dessin qui représente également un dessein.** On peut même le faire coïncider avec l'arrivée au pouvoir de Cosme de Médicis à Florence qui va chercher à imposer son pouvoir politique via les arts, notamment l'architecture et la peinture. Mais, face à des réalisations architecturales plus complexes, il fallait « donner à voir » au prince ces architectures qui n'existaient pas encore si ce n'est à l'état de projet, de *dessein*. La solution va émerger à l'intersection entre peinture, géométrie et architecture avec l'invention de la profondeur de champ et de la **perspective** dans les représentations. La perspective va instaurer une *commune mesure* dans la représentation des choses, le premier nom de la perspective était en effet la « *commensuratio* » ainsi que l'écrit Alberti dans son *Della Pittura* en 1435 [26].

« Le Design est avant tout ce qui a à voir avec la résolution des problèmes. »

Aujourd'hui le champ sémantique du Design s'est largement compliqué. En effet les définitions et les différentes acceptions du terme Design ne facilitent pas son utilisation avec précision ; cela peut « Designer » le beau, le fonctionnel, la créativité, la conception, etc. Il n'en reste pas moins que, de quelque manière qu'on le comprenne, tout le monde s'accorde à dire que le Design est avant tout ce qui a à voir avec la résolution des problèmes : « *Design is a problem-solving activity* » écrivait le célèbre graphiste américain Paul Rand dans *The politics of Design* en 1986. Nous reviendrons par la suite sur les dérives du solutionnisme et du *Problem-Solving* mais, à ce stade, rappelons que *Designer* c'est résoudre un problème, et c'est en ce sens que l'ingénieur et l'architecte sont des *Designers*.

26.Cf. Daniel Arasse, Histoires de peinture, L'invention de la perspective : https://www.youtube.com/watch?v=6XTaxcQdTVM

Si nous voulons clarifier un tant soit peu le statut du *Design* et dire comment nous souhaitons le convoquer, il faut commencer par préciser que nous distinguons quatre grandes « familles » du Design :

1. Le *Design* comme esthétique industrielle qui va jusqu'aux aspects ergonomiques et fonctionnels, c'est un *Design* qui **met l'accent sur l'objet ou le service** ainsi *Designé*.

2. Le *Design* comme science de la conception, qui **s'attache plus aux méthodes et à l'activité créative** qu'à ce qui est *Designé* en tant que tel.

3. Le *Design* de l'expérience qui **s'intéresse aux mécanismes comportementaux, psychiques et neurologiques** dans les interactions avec un produit ou un service.

4. Le *Design* comme méthode d'intervention dans le champ social et sociétal qui **porte plus sur les organisations** et les aspects sociétaux que sur les artefacts.

Le Design comme *esthétique industrielle* est ce mouvement qui a ses racines dans la révolution industrielle, avec l'arrivée de **nouveaux produits manufacturés** qui vont être amenés, tout au long des XIXe et XXe siècles, à faire l'objet de **production de masse.** Il allie l'esthétique au fonctionnel. Le français d'origine Raymond Lœwy, qui fit une brillante carrière aux États-Unis, est une des figures tutélaires de ce Design industriel qui met en avant les *questions esthétiques* puisque, comme il dira lui-même dans son livre : « La laideur se vend mal ». Cette école de Design se focalise sur l'artefact (et plus tard les services) et ne thématise pas l'acte de conception en tant que tel.

Le Design comme *science de la conception,* au contraire de l'esthétique industrielle, s'intéresse plus à la démarche et aux méthodes de conception qu'aux produits finaux. On la retrouve dans le champ de l'architecture et de l'urbanisme que ce soit chez Le Corbusier ou dans le monde anglo-saxon avec des personnalités comme Christopher Alexander, Horst Rittel, John Christopher Jones, pour n'en citer que trois. C'est ce champ de recherche qui va avoir le plus d'influence et le plus de passerelles avec l'informatique, les pratiques de développement logiciel, mais aussi avec l'intelligence artificielle.

De nombreux débats ont eu lieu entre les années 60 et les années 90 qui ont constitué ce courant de réflexion sur le Design qui tente d'*expliciter* le **processus de conception,** notamment en mettant l'accent sur la figure du Designer. On peut distinguer deux grandes tendances dans cette histoire de la pensée sur l'activité de *Design*, représentées par deux caricatures proposées originellement par John Christopher Jones[27]. Dans la première, le *Designer* est représenté métaphoriquement comme un magicien et dans la seconde comme un automate.

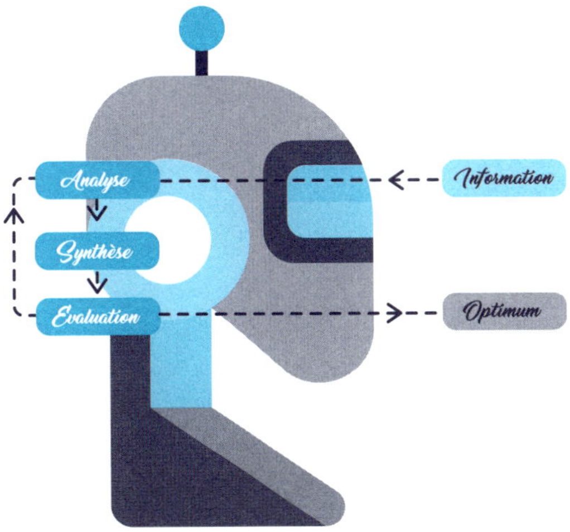

27. John Christopher Jones, « The state-of-the-art in design methods », in Design Methods in Architecture, G. Broadbent, A. Ward (dir.), London, AA papers, 1969, pp. 193-197.

Bien évidemment, la première figure insiste sur la créativité, le rôle de l'intuition, et la *dimension inconsciente de l'activité de Design.*Cette figure illustre **l'aspect « boîte noire »** du génie du Designer, là où deuxième figure représente plutôt un ordinateur qui traite les informations via des séquences de traitement explicites jusqu'à produire une réponse optimale. C'est cette conception du Design qui va alimenter l'idéologie du *Problem Solving* de l'intelligence artificielle que nous avons précédemment décrite.

Quoiqu'il en soit, à la fin des années 90, la plupart des débats et des affrontements théoriques autour du *thinking Design*, c'est-à-dire sur les théories du Design, avait disparu sans qu'un consensus ait réellement été trouvé : la bataille s'acheva faute de combattants. Mais de cette période a quand même émergé le primat d'une vision plus orientée sur la **méthode de Design** que sur la **figure du Designer** : la méthode va primer sur celui qui la déroule. C'est dans ce contexte que l'on assiste à la re-naissance de la société IDEO qui, au début des années 2000, produira du *prêt-à-penser méthodologique* sur fond de *Design* « centré sur l'utilisateur ». Durant les années 90, IDEO était une société de *Design* industriel qui opérait avec succès sur le créneau de l'interaction entre les objets physiques et le monde numérique[28], mais son modèle d'affaires entre en crise quand de nombreux clients sont balayés par l'explosion de la bulle internet de 2000.

« Comment se ré-inventer ? », se demanda David Kelley, fondateur d'IDEO. La réponse tenait en un changement assez simple : il ne fallait plus vendre du « Design » mais du « Design thinking ». On passe ainsi d'une période « thinking Design », qui était un champ de recherche sur la théorie et les problèmes du *Design*, à une période de « Design thinking » qui apporte des solutions méthodologiques, qu'IDEO va commercialiser avec succès.

La méthode en elle-même n'a rien de bien compliqué : **on se met en empathie avec les utilisateurs et on itère pour trouver un optimum.** Quelques minutes suffisent à comprendre les cinq étapes qu'elle comprend : *empathize, define, ideate, prototype, test.* Bien évidemment, si la méthode est simple, elle nécessite des **experts plutôt capés** pour la mettre en œuvre et en tirer quelque chose : la simplicité d'une méthode ne préjuge pas de la simplicité à l'opérer. Mais c'est cette simplicité très réductrice au regard des débats théoriques des années 60-90 qui va aussi faire sa force commerciale. On ne saurait vraiment dire si le Design Thinking de IDEO a été une réelle solution pour ses clients plutôt que pour elle-même, toujours est-il qu'avec le mot « agile » c'est un des top-buzzwords du marché digital, même si des voix comme celle de Bruce Nussbaum (professeur d'innovation et de Design à New-York), en parlent comme d'une **« expérience ratée ».**

28. IDEO a été associé au design de la souris d'Apple et au design numérique de l'Orque du film *Free Willy.*

Ces familles du *Design* ont toutes un rapport étroit avec la question de la résolution des problèmes, mais selon des perspectives différentes : le problème de l'esthétique industrielle est de **faire accepter aux consommateurs les nouveaux objets et services** produits en masse par l'industrie, celui du *thinking Design* est **de formaliser les principes méthodologiques de conception.** Dans les prochains paragraphes, nous allons voir comment le Design de l'expérience et le Design social complètent ces manières de résoudre un problème.

Le Design de l'expérience

Là où le *Design* industriel s'attache à modéliser le **produit** et où le *Design* de conception cherche à modéliser la **méthode** du Designer, le Design d'expérience cherche à comprendre et à modéliser le **comportement** de l'utilisateur. Les sciences psychologiques et comportementales sont ainsi à la racine des questions du *Design* d'expérience. Avec l'avènement, au XXe siècle, des industries culturelles que sont la presse, la radio, le cinéma et la télévision – et encore plus aujourd'hui avec le tsunami des services numériques – le *Design* d'expérience est devenu avant tout le *Design de l'attention,* cette pratique qui consiste à jouer avec les mécanismes attentionnels des individus. Cela s'illustre depuis bien longtemps avec les *Public Relations* et le marketing publicitaire qui cherche à **créer des attentes pour des nouveaux produits.** C'est également ce que fait une chaîne de télévision qui doit capturer l'attention, car son activité consiste à « vendre du temps de cerveau disponible ». C'est aussi ce que font les jeux vidéo, secteur des industries culturelles qui émerge dans les années 80, comme avec *Candy Crush* que nous citions en début d'ouvrage.

Nous avons souligné à quel point les travaux sur les *patterns* de Christopher Alexander ont influencé les informaticiens, mais **ils ont aussi influencé l'industrie du jeu vidéo :** ainsi Will Wright, l'auteur du jeu *SimCity*, a publiquement reconnu l'importance que le discours sur les *patterns* a eu sur le *Design* de son jeu. Dans une entrevue publiée dans le magazine WIRED de 1994, il déclarait :

« Je suis intéressé par les processus et stratégies de la conception. L'architecte Christopher Alexander, dans son livre Pattern Language a formalisé beaucoup de rapports spatiaux sous forme d'une véritable grammaire de la conception. Je voudrais vraiment que mon travail tende vers une grammaire pour les systèmes complexes et présente des outils pour concevoir des choses complexes. »

Nous avons vu que certaines personnes peuvent avoir des affinités avec certains types de problèmes, mais si l'on veut que plus de personnes soient en capacité de résoudre des problèmes, c'est-à-dire si l'on croit à l'intérêt de développer des processus de résolution collective de problèmes, alors la **possibilité que cela devienne une expérience ludique et enrichissante changerait assurément la donne.**

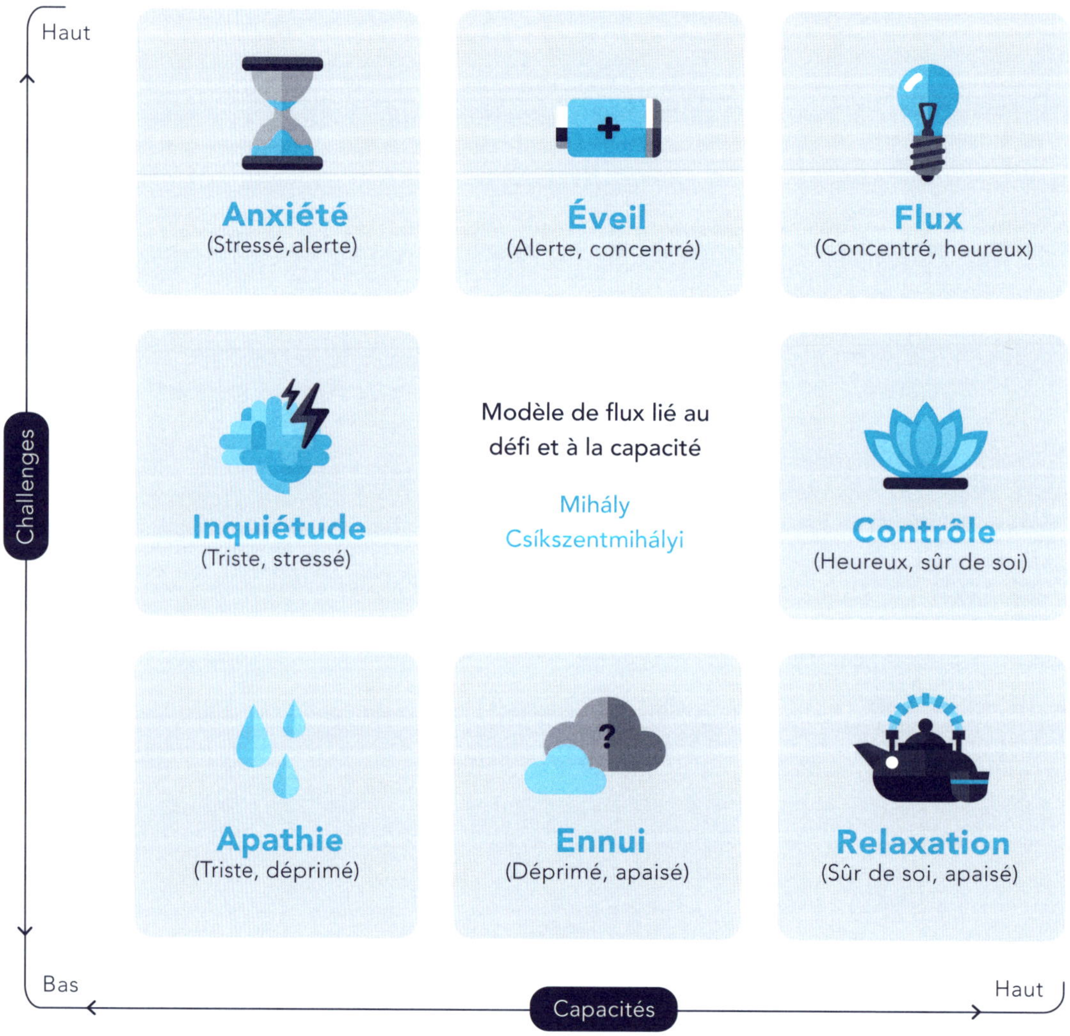
Haut
Anxiété
(Stressé,alerte)
Éveil
(Alerte, concentré)
Flux
(Concentré, heureux)
Inquiétude
(Triste, stressé)
Modèle de flux lié au défi et à la capacité
Mihály Csíkszentmihályi
Contrôle
(Heureux, sûr de soi)
Apathie
(Triste, déprimé)
Ennui
(Déprimé, apaisé)
Relaxation
(Sûr de soi, apaisé)
Challenges
Bas
Capacités
Haut

Le psychologue Hongrois Mihály Csíkszentmihályi s'est attaché, à partir des années 70, à décrire **ces moments où nous sommes totalement absorbés dans une activité,** avec cette sensation d'accomplissement et de satisfaction qui nous fait oublier le temps qui passe. Cet état psychologique, qu'il nomme le « flow », caractérise un flux de conscience qui procure du bien-être associé à une intense attention. C'est cette expérience que le « game Designer » d'un jeu vidéo va essayer de proposer au joueur, en veillant à ce que la pratique du jeu ne soit ni stressante, ni ennuyeuse, c'est-à-dire **en trouvant un bon ajustement entre le défi proposé et les compétences du joueur.** Sachant que la plupart des jeux vidéos reposent sur des automatismes et sur des mécanismes répétitifs, c'est l'agencement de ces différentes routines, une fois programmées, qui va constituer l'espace du jeu. Évidemment, présenté comme cela, ça ne donne pas envie de jouer à un jeu vidéo. D'où le rôle du *« Game Designer »* qui doit **faire en sorte que ces mécanismes répétitifs produisent quand même une expérience de jeu satisfaisante pour le joueur.**

Il faut donc que la répétition - c'est à dire le fait de reproduire la même chose un grand nombre de fois (recommencer une mission, reconstruire sa ville, revenir au début d'un niveau de jeu après « être mort », etc.) puisse quand même produire un effet différent : **la répétition ne doit pas être *exactement* identique.** C'est pour répondre à cet enjeu que le milieu du jeu vidéo parle de *« Core Loop »* qui est la grande boucle qui va constituer l'épine dorsale et la trame itérative du jeu. Si la *« Core Loop »* ne fait pas l'objet d'un bon Design, le jeu sera un flop. Et il faut également comprendre cette *« Core Loop »* comme s'inscrivant pleinement dans la logique récursive : je suis « mort » à ce niveau du jeu mais j'ai appris des choses, récupéré des butins et augmenté mon expérience.

Il n'est pas surprenant que **le monde de l'entreprise, et celui de l'administration** d'une manière générale, **bien connus pour leurs tâches répétitives,** abrutissantes, et avec leurs processus contraignants, lorgnent sur le type d'expérience ludique que peuvent offrir les jeux vidéo. Qui n'a pas fait des apprentissages, des formations en ligne ayant été « gamifiées » via une scénarisation, avec l'affichage d'un score et l'obtention de badges reconnaissant nos accomplissements qui sont ajoutés à notre profil ? Mais ces démarches de gamification restent à ce jour restreintes **essentiellement au domaine de la formation.** Il n'y pas encore d'ERP d'entreprise qui ressemble à un grand *Super Mario Bros.* ou un *Fortnite* qui nous rendrait chaque matin impatient de reprendre le travail.

Mais le Flow que décrivait Mihály Csíkszentmihályi a aussi son versant sombre que l'on nomme « la Zone ». Un état d'attention tout aussi intense mais où l'on ressemble plus à un zombie qu'à quelqu'un qui pratique une activité passionnante. Souvenez-vous de ces soirées où, épuisé par votre journée de travail, vous êtes resté devant un programme de télé dont vous vous disiez qu'il était idiot, ou peut-être de ces heures passées sur Youtube ou Instagram à passer de suggestions en suggestions jusqu'à ressentir un malaise qui s'apparente à la honte de soi-même.

Ici on ne joue plus – ce n'est pas la joie – **on est passé du « gaming » au « gambling »** avec ces techniques de *Design* de l'attention qu'utilisent depuis longtemps les casinos avec leur machines à sous. C'est ce qu'a bien analysé Natasha Dow Schüll dans son ouvrage *Addiction by Design, Machine Gambling in Las Vegas* qui démontre les incroyables mécanismes d'addiction[29] que produit le *Design* des machines à sous. Mécanismes qui maintenant passent à l'échelle quand ils sont utilisés dans les réseaux sociaux numériques.

Le documentaire *The Social Dilemma* de Jeff Orlowski[30], traduit en Français par *Derrière nos écrans de fumée*, fait témoigner plusieurs anciens ingénieurs et dirigeants qui ont contribué au Design des services de Google, Twitter, Facebook et Pinterest. Tous s'inquiètent des effets néfastes que ces technologies de l'attention produisent, de **part leur formidable capacité à influer sur les comportements des utilisateurs,** pointant même du doigt une tendance à cliver les sociétés, notamment les démocraties occidentales, à développer un rapport irrationnel à la vérité, à générer un nombre important de malaises dans la jeunesse, à contribuer notoirement à une nette augmentation du taux de suicide, quand ce n'est pas directement le fait d'être à l'origine de massacre ethnique, comme cela fut le cas avec les Rohingyas en Birmanie, avec Facebook comme arme du crime. Le constat est donc plus qu'effrayant, **surtout quand il est fait par ceux-là même qui ont contribué au Design de ces réseaux numériques.**

« Le Design d'expérience est devenu avant tout le Design de l'attention, cette pratique qui consiste à jouer avec les mécanismes attentionnels des individus. »

Favorisant les comportements addictifs en jouant sur les effets de la dopamine – cette molécule qui renforce, dans le fonctionnement de notre cerveau, le système de récompense et la sensation de plaisir – ces technologies de réseaux sociaux dégradent progressivement les capacités attentionnelles de leurs utilisateurs en en faisant des « Digital Junkies ». Gerald Moore, professeur à l'université de Durham, parle ainsi de « dopaminage » :

29. Où l'on apprend que des joueurs compulsifs de machines à sous arrivent vêtus de noir afin de pouvoir s'uriner dessus sans avoir à se lever pour aller aux toilettes, tellement ils ne peuvent décrocher.

30. Diffusé depuis Septembre 2020 sur Netflix.

« *Appelons cette tendance de l'économie contemporaine "le dopaminage", ou "dopamining" en anglais, c'est-à-dire la tentative exhaustive de miner la dopamine en la libérant dans le noyau accumbens, pour programmer la dévoration compulsive.* »[31]

En aucune manière les dérives du *Design* de l'attention ne doivent porter préjudice à l'intérêt du *Design* de l'expérience plus généralement. Si l'on se souvient que l'affaire du Design est la résolution des problèmes, et si votre modèle d'affaires nécessite une maximisation du temps d'utilisation de votre service (pour vendre de la publicité ou plus généralement pour influer sur les comportements), alors **la mise en place d'un mécanisme d'addiction est le plus court chemin pour résoudre votre équation économique.**

Deux choses peuvent faire office de remède : soit une considération éthique des dirigeants et des Designers, mais cette voie est impraticable pour une entreprise soumise à des actionnaires et à des logiques financières à court terme. Soit il faut réguler et légiférer, comme a commencé à le faire l'Europe avec la loi pour la protection des données.

La règle d'or pour que le *Design* d'expérience ne sombre pas du côté obscur du *Design* de l'attention et du « dopaminage », est de **s'interdire la facilité qui nous fait tout miser sur l'addiction.** Un produit ou un service bien *Designé* doit soigner, pas intoxiquer, même si on sait que les business les plus lucratifs sont toujours ceux qui reposent sur une addiction, à défaut d'être régulés. Ce qui met en évidence l'importance du rôle des *puissances* publiques malgré le fait que, jusqu'à présent, elles apparaissent plutôt comme des *impuissances* publiques face à l'hégémonie de ces jeunes géants des réseaux sociaux numériques qui opèrent dans les zones grises du droit.

Après avoir pris connaissance des notifications sur votre smartphone, vous pourrez passer au paragraphe suivant.

31. Gerald Moore, « Le Pharmakon, le dopaminage et la société addictogène », *Dépendances*, https://www.grea.ch/sites/default/files/dep59-art2.pdf

Le Design social et environnemental

Dans ce paragraphe, nous donnons un rapide panorama du Design dans sa composante sociale et environnementale, un champ d'application qui nous semble devoir prendre encore plus de place dans les années à venir.

Le *Design* comme *méthode d'intervention dans le champ social* et environnemental émerge plutôt dans la seconde moitié du XXe siècle et ne cesse de s'amplifier tout en se diversifiant. C'est cette diversité actuelle qui en rend difficile la circonscription tant elle innerve une multiplicité de champs, parmi lesquels l'économie, l'environnement et l'écologie, ainsi que le social.

« Ce sont en effet des acteurs de la société civile qui prennent des initiatives pour répondre à des maux contemporains qui ne font pas l'objet d'un soin que ce soit par la puissance publique ou par les entreprises. »

Il faut d'abord souligner que cette famille du *Design*, ici présentée comme *Design social et environnemental*, a ceci de particulier qu'elle existe avant tout **en marge des sphères d'influence des États et des entreprises.** Souvent, c'est un champ d'expérimentation qui s'ouvre à la frontière entre le secteur public et le secteur privé, notamment **autour de sujets qui ne sont pas ou mal traités par les deux sphères ;** ce sont en effet des acteurs de la société civile qui prennent des initiatives pour répondre à des maux contemporains qui ne font pas l'*objet d'un soin* que ce soit par la puissance publique ou par les entreprises. Associations, Collectifs, Organisations Non Gouvernementales sont souvent à l'origine d'une telle approche du *Design* qui œuvre dans le champ social. À certains égards, on peut voir se dessiner une radicalisation du *Design* social qui s'oppose parfois frontalement avec les pratiques du *Design* de l'attention telles qu'elles sont déployées industriellement par les réseaux sociaux numériques. Certains des « repentis » des géants du web, dont Tristan Harris est une des figures majeures avec la création de son ONG Center for Humane Technology, deviennent ainsi des porte-paroles d'un *Design* social se voulant éthique.

Dans sa composante de Design social, l'activiste **Saul Alinsky** est considéré comme le fondateur du « *community organizing* » aux États-Unis, préfigurant les rôles de facilitateur et de « community manager ». Alinsky mettait en place des techniques d'animation de groupes sociaux, par exemple afin d'aider des communautés noires défavorisées spoliées de leurs droits. Son approche consistait à dire à ces communautés : « Je n'arrive pas avec une solution, mais je peux vous aider à vous organiser pour obtenir gain de cause ». Il est l'initiateur d'une nouvelle forme de militantisme, des années 40 jusqu'à son décès en 1972, aujourd'hui en pleine ébullition en ce début de XXIe siècle, qui se conjugue très bien avec des dynamiques de recherche (recherche-action, recherche-participante, recherche contributive, etc.).

Dans sa composante environnementale et écologique, on ne peut que citer **les démarches américaines autour du biorégionalisme** avec les figures telles que Peter Berg ou Kirkpatrick Sale dont le livre majeur *Dwellers in the Land* paru en 1985 vient tout récemment d'être traduit en français sous le titre *L'art d'habiter la terre*. Très présent en Italie, ce mouvement biorégional et territorialiste, est notamment incarné par Alberto Magnaghi[32]. Point commun de ces mouvements : la mise en avant de l'importance des questions d'échelle en ramenant les enjeux d'abord au niveau local et régional, afin que les habitants puissent vivre sans être hors-sol, au cœur de leur localité singulière. Dans cette lignée, on peut également citer les travaux de penseurs iconoclastes, en marge des influences officielles d'un État ou d'une entreprise, tels qu'André Gorz avec la *proximité*, ou Ivan Illich avec la *convivialité*.

Dans le domaine économique, **une figure émerge et c'est celle de Donella Meadows,** connue pour sa contribution au fameux rapport Meadows de 1972, *The Limits to growth* , publié en français sous le titre *Halte à la croissance ?* il a largement contribué au développement de pratiques autour de la modélisation de systèmes dynamiques. C'est aujourd'hui le fruit de son travail qui est utilisé par ceux qui s'essayent aux pratiques de *Design systémique*, souvent dans un contexte d'éco-Design. Ce sont des pratiques de conception qui prennent en considération :

- la dimension dynamique des systèmes, avec les approches par **boucle de feed-back de la cybernétique de Norbert Wiener ;**
- **les *externalités* des systèmes économiques** (les effets de bord qu'ont toutes les activités de production) ;
- les phénomènes d'épuisement des ressources, c'est-à-dire du caractère **limité et fini** de notre environnement.

32. Voir par exemple : *La conscience du lieu*. Alberto Magnaghi, Ed. Eterotopia

Si l'on prend l'exemple du développement d'une application mobile, en faire le *Design* en s'inspirant du Design systémique supposera une conception technique et fonctionnelle mais également la prise en compte des utilisateurs ainsi que des effets de l'application sur l'environnement : via le *device*, sa fabrication, sa consommation électrique, l'utilisation du réseau, etc. C'est l'ensemble de l'écosystème autour de l'application ainsi que de sa dynamique qui vont être pris en considération.

Donella Meadows publia dans les années 90 ses douze leviers pour intervenir sur un système, préfigurant par certains aspects la mode du **Nudge**[33] dans les théories comportementales sur l'architecture des choix.

Mais remarquons que le travail de Donella Meadow sur les Systèmes partage quelque chose d'essentiel avec celui de Christopher Alexander sur les Patterns : **systèmes et patterns ne sont pas produits,** *ils sont découverts, mis à jour.* Jane Quillien, qui a travaillé plusieurs années avec Alexander, rappelait que les *patterns* sont comme des diamants (mais on aurait aussi pu dire « comme certains champignons ») : on les découvre, on ne les produit pas. Tout comme les diamants qui sont le fruit de millions d'années d'activités sismiques et telluriques, les *patterns* en architecture sont le fruit de milliers d'années de construction et d'interaction avec des environnements et des cultures. De même qu'un écosystème local et régional est toujours le fruit d'une histoire. C'est la raison pour laquelle Meadows s'attache à dévoiler le fonctionnement d'écosystèmes existants afin de résoudre des problèmes fourbes de part leur complexité (chômage, faim, stagnation économique, pollution, épuisement des ressources, etc.) plutôt que de chercher à lancer un nouveau produit/solution « from scratch ». Les outils de modélisation sont ainsi des leviers pour explorer l'espace du problème avant de se précipiter sur une solution potentiellement toxique[34].

Nous n'avons évidemment pas fait le tour de l'ensemble des références (mouvements, initiatives et auteurs) du Design social et environnemental mais l'on peut tout de même se risquer à mettre en exergue les principales leçons :

- Il faut avoir une approche systémique des problèmes, car tout est lié. Aussi le Design doit s'ouvrir à des champs d'interventions complexes où les systèmes psychiques, sociaux, technologiques, économiques et environnementaux interagissent en permanence et de manière dynamique. Ainsi, depuis que l'économiste Karl William Kapp a publié son ouvrage sur *Les coûts sociaux de l'entreprise privée* en 1950, démontrant que les entreprises privées font assumer une partie de leurs

33. .Selon Wikipedia : « Le nudge, ou « coup de coude » en français, mais le mot est souvent traduit par « coup de pouce », est une technique pour inciter des individus ou l'ensemble d'un groupe humain à changer tels comportements ou à faire certains choix sans être sous contrainte ni obligation et qui n'implique aucune sanction ».

34. La systémique est effleurée dans ces pages, mais uniquement via le travail de N. Wiener et D. Meadows. Nous pourrions renvoyer le lecteur intéressé vers les travaux de l'école de Palo Alto, le MRI, notamment P. Watzlawick, R. Ashby, R. Ackoff, Heinz Von Fœrster qui ont contribué à la question de la résolution des problèmes.

coûts sociaux et environnementaux à la société tout entière (misère sociale, effets psychiques et sanitaires des conditions de travail, pollution, etc.), on ne peut plus affirmer sereinement qu'un produit ou un service, quelle que soit la solution qu'il est censé apporter, ne contient aucune forme de toxicité.

- Il faut privilégier la dimension locale ; les approches trop macro économiques, de par leur caractère hors-sol, ne conviennent pas. Un problème, tout comme une solution, est toujours localisé (il en va des révolutions comme des incendies : ils ont toujours une origine locale), et ce qui a marché ici ou là ne marchera peut-être pas ailleurs de la même façon, c'est ce que le business reconnaît dans l'expression « one size does not fit all ». Une globalisation qui gomme les différences et les distances produit des *aberrations économiques* comme ces oignons blancs d'Australie et ces oignons roses de Nouvelle-Zélande que l'on trouve encore dans nos supermarchés, ou des a*liénations technologiques* comme ces produits numériques *Designés* en Californie et fabriqués en Chine, alors qu'hélas, ils ont souvent été inventés en Europe[35]. La pandémie de la Covid-19 a, à ce titre, été un puissant révélateur des défaillances et des dépendances dont on a depuis longtemps mésestimé l'importance et qui mettent en lumière l'évidence d'une nécessaire autonomie économique et industrielle locale.

- Il faut **reconsidérer les problèmes à l'aune de la place de l'homme,** garder la bonne échelle, ne pas faire preuve d'*hubris*, c'est-à-dire de démesure, car si l'homme est un être éminemment technique, la technologie est aussi une puissante source de déshumanisation. C'est notamment une des motivations des mouvements autour du « low tech »[36].

35. Ainsi en va-t-il de l'internet qui fut préfiguré par les travaux novateurs de Louis Pouzin sur le Datagramme, en France, dans le cadre du projet Cyclades, mais aussi du Web qui fut inventé au CERN, et de la norme GSM par le Centre national d'études des télécommunications (CNET) en France.

36. Voir l'ouvrage de Philippe Bihouix, *L'Âge des low-tech. Vers une civilisation techniquement soutenable*, Seuil, coll. « Anthropocène », 2014.

Les problèmes fourbes du Design

Les problèmes complexes auxquels s'attaquait Donella Meadow relèvent de la typologie des problèmes sur lesquels s'est penché **Horst Rittel** (1930-1990), professeur de Conception et de Planification (Design) lorsqu'il publie en 1973 le papier *Dilemmas in a general theory of planning* dans lequel il formule la notion de « *wicked problems* », qui pourrait se traduire en français par *problèmes malicieux* ou *vicieux*. Ces problèmes ont ceci de malicieux qu'**ils ne se prêtent pas à une résolution** au sens où l'on pourrait résoudre un problème de mathématiques ou d'ingénierie simple. Pour le dire différemment, **il y a déjà un problème interne dans la formulation du problème,** une forme d'*incomplétude* et d'*ouverture* qui change radicalement la manière dont on peut y faire face.

Les exemples de problèmes que prend régulièrement Rittel relèvent de ce que nous pourrions appeler **l'urbanisme** : construction d'autoroutes, planification urbaines, aménagements territoriaux, etc.

Cette nature de problèmes fait intervenir des facteurs sociaux, collectifs et environnementaux qui les complexifient de manière *maligne* par rapport à la conception d'un artefact simple (un aspirateur ou une souris d'ordinateur). Toute la maîtrise des problèmes que l'on a pu acquérir dans le domaine scientifique et dans l'ingénierie **vole en éclat dès que l'on interagit avec l'ouverture du système social** *(Open Social Systems)*.

« Ces problèmes ont ceci de malicieux qu'ils ne se prêtent pas à une résolution au sens où l'on pourrait résoudre un problème de mathématique ou d'ingénierie simple. »

On pourrait penser que cette approche d'architecte-urbaniste n'a pas grand chose à voir avec la conception des systèmes informatiques mais, même s'ils ont des différences irréductibles, nul ne peut nier les impacts organisationnels et sociaux du logiciel comme l'illustre le titre de l'article que publia l'homme d'affaire Marc Andreessen dans le Wall Street Journal de 2011 : « *Why Software is eating the world* »[37]. Et encore, au-delà de l'aspect « logiciel » en tant que tel, nous pourrions également ajouter les aspects « politiques » et organisationnels que

37. .https://www.wsj.com/articles/SB10001424053111903480904576512250915629460

posent les projets informatiques qui contribuent encore à plus à les considérer comme étant des « *wicked problems* ».

Nous sommes donc tout à fait enclins à reconnaître que nombreux de nos projets de développement de logiciels s'inscrivent pleinement dans la catégorie des « *wicked problems* ». Mais vérifions tout de même cette hypothèse à partir de la **dizaine de caractéristiques que donne Rittel de ces problèmes** qui échappent à toute forme de solutionnisme. Dans la liste ci-après nous avons fait le choix de traduire « *wicked problems* » par « problèmes fourbes »:

⊙ Il n'y a pas de formulation définitive des problèmes fourbes.

- La manière de les formuler dépend de l'interprétation qu'en donne celui qui veut les résoudre et de sa connaissance du champ des solutions possibles qui est toujours partielle et subjective.
- Ce qui implique que « la formulation du problème *est* le problème ».
- Les phases classiques de résolution des problèmes : comprendre le problème - récupérer de l'information - analyser l'information - faire une synthèse « créative », ne vont pas fonctionner avec les problèmes fourbes. Il faut au contraire avoir une approche par *argumentation collective progressive* entre les parties prenantes afin de faire émerger graduellement une solution.

⊙ Les problèmes fourbes n'ont pas de critères d'acceptation de solution clairs.

Ces problèmes n'ont pas vraiment de fin, on n'arrête la conception que parce que *les ressources de résolution sont épuisées* : manque de temps, d'argent, de patience, de motivation, etc. À la fin, il y a toujours quelqu'un pour dire « ça suffit » *(« that's good enough »).*

⊙ La solution à des problèmes fourbes n'est pas vraie ou fausse mais bonne ou mauvaise.

La solution prend la forme d'un compromis qui est satisfaisant pour les parties prenantes, on ne cherche pas LA vérité.

⊙ On ne peut pas tester immédiatement et de manière définitive une solution à un problème fourbe.

S'insérant par nature dans une intrication de systèmes (psychiques, collectifs, technologiques, économiques, etc.), toute implémentation d'une solution a des *effets de bord systémiques* avec des vagues de conséquences quasi intraçables en un temps limité.

⊙ Toute solution à un problème fourbe est une opération définitive ; parce qu'il n'y a pas l'opportunité d'apprendre par essais-erreurs, chaque tentative de résolution compte significativement.

C'est probablement le point le plus critiquable si on le regarde depuis le champ des systèmes logiciels où la possibilité de faire des essais et des erreurs est devenue une partie intégrante des méthodes agiles de développement logiciel. Mais que l'on pense à des projets logiciels qui doivent se faire dans un contexte de systèmes historiques pré-existants *(legacy systems, brown field)* et cette différence de nature tend à s'estomper.

⊙ Les problèmes fourbes ne peuvent pas faire l'objet d'une liste exhaustive de solutions potentielles.

On ne peut pas s'en sortir par la simple réutilisation de *patterns* déjà éprouvés, il y a toujours un moment où, collectivement, on va se dire : « Ok, essayons ça, alors ».

Tous les problèmes fourbes sont essentiellement uniques.

Ils peuvent avoir de nombreuses ressemblances et similarités avec d'autres problèmes, mais il y a toujours ce *petit supplément* qui change la donne de manière radicale.

Tout problème fourbe peut être considéré comme le symptôme d'un autre problème.

- Si un problème peut être décrit comme étant un *écart* entre une situation existante et une situation espérée, alors la résolution de ce problème commence généralement par la recherche de *la cause de cet écart*. Cette cause devenant elle-même un nouveau problème pour lequel on va s'enquérir d'un nouvel écart qui donnera lieu à un nouveau problème, etc. Cet aspect *fractal* et *potentiellement infini* de l'enchaînement des problèmes n'est pas sans rappeler cette pratique des enfants qui vous demandent « pourquoi ? » à chacune de vos réponses jusqu'à que vous soyez épuisé et leur répondiez : « Parce que !! »[38].

- En remontant ainsi de problème en problème, on arrive à des problèmes d'une très grande généralité dont la résolution peut donner le vertige, d'où la tentation inverse d'essayer de résoudre le problème à partir de sous-problèmes de manière incrémentale. Ce à quoi Rittel répond que des améliorations *marginales* et *locales* ne garantissent pas pour autant une amélioration *globale* du problème. L'exemple donné étant celui d'un logiciel qui résout effectivement un problème mais qui surtout le déplace sur les utilisateurs ou sur l'organisation.

L'existence d'un écart représentant un problème fourbe peut être expliquée de nombreuses façons. Le choix d'une explication va déterminer la nature de la résolution du problème.

Nous sommes dans un domaine de causalités floues où il n'y a pas de règles ou de procédures pour déterminer la véracité d'une explication.

Le Designer n'a pas le droit de se tromper.

- Selon le philosophe des sciences Karl Popper – à qui Ritter reprend le mot « wicked » – la solution à un problème scientifique n'est qu'une hypothèse en attente de réfutation et, en ce sens, nul ne fera le reproche à un scientifique de faire des hypothèses et d'élaborer des théories car c'est la règle du jeu dans le domaine scientifique.

- Le Designer ne jouit pas des mêmes privilèges et doit rendre des comptes, attendu qu'il ne recherche pas la vérité mais doit « améliorer le monde dans lequel nous vivons »[39].

En résumé : Les Designers doivent faire face à des problèmes fourbes qui défient leurs efforts pour délimiter leur périmètre, leurs frontières et le tissu de leurs causalités.

38. Il est à noter que la pratique des « 5 pourquoi », est assez fréquente dans le monde de l'entreprise, où ce genre « d'enfantillages » est apprécié.

39. Il est fréquent que les Designers cherchent à présenter leur activité comme devant améliorer le monde. Dans la réalité, si on les tenait effectivement comptable du monde dans lequel nous vivons, leur bilan serait assez misérable.

D'accord !

La résolution comme processus collectif visant un compromis

La résolution des problèmes selon le point de vue de l'architecte ou de l'ingénieur nous induit à penser qu'il s'agit toujours plus ou moins d'*une* personne qui doit résoudre le problème. Mais, ce que met en avant l'explicitation des problèmes fourbes par Horst Rittel, c'est qu'il y a non seulement un *collectif d'individus* qui sont concernés par la résolution du problème (dont les utilisateurs qui sont mis au centre du *Design* orienté utilisateur dans le Design Thinking) mais également qu'il y a un collectif d'individus qui s'attèlent à la résolution du problème.

Si le processus de *Design* – en tant que résolution d'un problème – est un **processus collectif** qui se déroule *dans le temps*, cela veut d'abord dire qu'il **n'est pas immédiat :** le contre-exemple d'un processus de *Design* serait en ce sens la figure d'Archimède qui, dans la solitude de son bain, s'exclame « eurêka ! » en ayant eu une idée fulgurante qui résout son problème.

Ce collectif est en lui-même déjà un problème car s'il se présente d'abord comme étant une *multiplicité de perspectives* ou de points de vue sur le problème, cette multiplicité n'en fait pas pour autant un collectif qui va être capable de travailler *méthodiquement* et de *concert* à la résolution. Qu'est-ce qui fait qu'un collectif va bien travailler ? Qu'est-ce qui fait qu'il va être efficace dans la résolution des problèmes ?

Tout d'abord, le fait que les perspectives et **les points de vue de chacun puissent être partagés,** car chacun a non seulement un rôle et une fonction dans le collectif, mais également un vécu et un imaginaire propre. Cet imaginaire est ce qui fait le sel et la singularité des individus qui composent ce collectif, or beaucoup de méthodes d'organisation de ce collectif font souvent l'impasse sur cet aspect. Si l'on veut prendre en compte ce facteur, on considérera qu'un des objectifs du collectif, outre de devoir résoudre un problème, est **d'élucider ce qui fait tenir le collectif en tant que tel.** C'est en ce sens qu'il nous arrive de dire à OCTO : « l'équipe c'est le produit », c'est à dire qu'une équipe qui fonctionne bien est déjà un pas important dans la résolution du problème qui lui a été confié.

Même s'il y a une question d'affinité évidente dans le succès d'une équipe, on ne peut s'en remettre à prier pour que la mayonnaise prenne afin que des *affinités électives* émergent spontanément. Il faut plus que cela et ceci requiert des techniques et des méthodes qui favorisent l'explicitation des imaginaires entre les individus afin que chacun comprenne d'**où parlent** ceux avec qui on collabore[40]. Aucune méthode n'est aussi puissante que celle qui s'appuie sur la production d'**artefacts** pour faire converger les imaginaires et les faire collaborer afin de constituer une équipe. D'ailleurs, Christopher Alexander avait bien noté que son approche par les *patterns* en architecture avait surtout été utilisée dans la communauté logicielle pour favoriser la communication entre les concepteurs de logiciels et de langages de développement.

« C'est dans l'artifice de ces artefacts que se joue la résolution des problèmes. »

Par artefact, nous entendons ici toute forme d'extériorisation d'une pensée sur un support. Le texte écrit que vous êtes en train de lire est une telle extériorisation de la pensée des auteurs, le schéma d'architecture logicielle que va dessiner au tableau une équipe de développement est une extériorisation, les posts-it des différentes *user stories* de la méthode agile sont l'extériorisation d'un découpage des fonctionnalités du système, etc. Tout se joue dans ces externalités produites et partagées par le collectif : **c'est dans l'artifice de ces artefacts que se joue la résolution des problèmes.** Ils sont la mémoire externalisée du collectif qui étend la mémoire de travail volatile et synchronique des interactions entre les individus du collectif : une équipe ne peut pas passer à l'échelle sans une attention particulière portée à ces artefacts. Et pourtant, encore aujourd'hui, il arrive que des managers ne comprennent pas que leurs équipes se mettent à « jouer avec des post-its » et se sentent obligés de prendre une posture de maître d'école en sifflant la fin de la récréation et en demandant que l'on « se remette au travail ! ».

Dans la caractérisation des problèmes fourbes, Horst Rittel indique que la méthode pour y répondre consiste à mettre en place ce qu'il appelle un « processus argumentatif au cours duquel une image du problème et de la solution émerge graduellement parmi les participants » (c'est nous qui soulignons).

L'utilisation du mot « image » fait directement référence au processus d'extériorisation qui génère les artefacts que nous venons de

40. C'est ce que nous essayons de mettre en place chez OCTO au travers de la Sociocratie, dont nous espérons pouvoir un jour présenter un retour d'expérience.

souligner. Pour Rittel, il s'agit d'un processus « argumentatif ». L'expression peut paraître étrange dans ce contexte : en effet, parler d'argumentaire et d'argumentation peut surprendre, comme s'il s'agissait de convaincre plutôt que de résoudre. On se croirait plus dans l'instruction d'un procès avec les plaidoiries de la partie civile et des avocats que dans la résolution d'un problème. La raison en est certainement que les problèmes fourbes n'ont pas de solution, comme il le souligne fréquemment. Du coup la « solution » va devoir prendre la forme d'un **compromis** (ce qui n'est pas la même chose qu'une compromission).

Saul Alinsky, figure tutélaire de la facilitation, dans la radicalité de son approche pour animer et organiser des communautés dans un contexte de luttes sociales, était bien conscient des vertus d'un compromis qui devait être distingué d'une logique de compromission. « *Compromis, disait-il, le mot implique quelque chose d'immoral et de laid, mais pour l'organisateur, c'est un mot magnifique, un mot clé* ». **En ce sens, toute solution *est* un compromis.**

L'*Event Storming* comme exemple de résolution collective

Nos méthodes d'organisation pour concevoir et développer des logiciels ont **changé de supports** de manière radicale ces vingt dernières années, allant jusqu'à changer *de facto* les standards. Aux disparitions des plus ou moins longs documents de spécifications s'est substitué le ticket, la *sticky note*.

Ce que nous écrivons pour résoudre les problèmes de *Design* d'un logiciel s'est fragmenté : au travail en chambre des scribes s'est substitué l'atelier collectif, qui tend d'ailleurs à basculer « en *remote* » depuis les confinements de 2020. Ces ateliers jouent toujours sur le registre de l'induction où chacun peut s'exprimer et produire « son ticket », qu'il faudra agencer avec les tickets des autres. Les premiers moments de ces ateliers sont dédiés à la production individuelle d'un maximum d'idées, comme autant d'*inputs*, en un temps limité, d'où l'idée de *tempête* que l'on retrouve dans *brainstorming, gamestorming, event storming*, etc. Les trois grands moments qui structurent ces ateliers sont ainsi :

- d'abord la **découverte** des éléments qui peuplent notre domaine d'investigation avec les contributions de chaque participant ;
- ensuite **l'arrangement** de cette première diversité dans des **regroupements** ;
- enfin, après l'ouverture initiale de la découverte et le moment de la discussion autour des regroupements, la phase **conclusive** qui cherche à trouver un chemin nous indiquant la porte de sortie, l'*output*.

Illustrons notre propos avec l'exemple d'un atelier de *Design* inventé par Alberto Brandolini qu'il appelle *Event Storming*. Le principe de l'atelier repose d'abord sur **la participation de l'ensemble des parties prenantes de l'équipe,** aussi bien les donneurs d'ordres, le « métier », les développeurs, Ops, UX, etc. Le dispositif est le suivant : chaque participant dispose d'un stylo et d'un paquet de *stickers* qu'il peut coller sur un grand mur. Dans cette *mise en scène*, il y a deux choses qu'il faut souligner et qui sont déterminantes par rapport à la méthode de résolution des problèmes qui est ici mise en œuvre.

1. La première chose, **la consigne de ne considérer le système qu'à partir de ses événements** est un choix qui a plusieurs vertus : tout d'abord cela apporte une forme d'objectivité, quoi de plus *factuel* que de dire ce qui arrive ?

On comprend bien qu'un système a un *fonctionnement*, et la tentation est forte, quand il s'agit d'en faire le *Design*, de se mettre à en décrire les spécifications. Ces spécifications sont la description pas-à-pas des règles de fonctionnement, qu'on appelle souvent les *règles métiers*, or il n'est pas rare que, lorsqu'on s'adresse au « métier » en lui demandant ses *règles métiers*, il ne sache pas répondre, en tout cas pas de la manière précise dont le développeur a besoin pour en écrire le code correspondant. Entre les règles métiers – souvent très générales, non exhaustives et équivoques – et leur codage, il y a un fossé qui semble grandir au fur et à mesure de leur explicitation.

« Du point de vue du développeur, "le métier ne connaît pas son métier", il connaît plutôt son "département métier". »

C'est exactement ce qui se passe avec l'exemple utilisé par **Mandelbrot** pour illustrer les *fractales* : si l'on considère la côte maritime de la Bretagne vue depuis un satellite, on peut en tracer le contour qui nous donnera une forme et une longueur, mais si l'on se place à hauteur de vol d'oiseau, la précision augmente : on verra des détails plus nombreux, le tracé de la côte prendra une nouvelle forme et sa longueur augmentera. Si on poursuit notre effet de zoom, à l'échelle d'un humain qui parcours la côte à pied, la forme sera encore plus détaillée et accidentée, et bien sûr les longueurs augmenteront encore. On pourrait ainsi descendre jusqu'au point de vue d'un crabe puis jusqu'au niveau moléculaire pour constater à chaque fois que la forme de la côte bretonne ne cesse de s'allonger à mesure qu'on la considère du plus lointain au plus proche. Il y a là un **phénomène de passage à des échelles différentes :** le point de vue du crabe et celui du satellite sont à des échelles différentes, sur des plans qui sont fondamentalement différents. Souvent le « métier » voit les règles à vue d'oiseau ce qui est une perspective qui n'aide pas beaucoup le développeur qui attend une granularité plus fine dans la description des règles à développer.

Ce que révèle cet effet de distance quant aux règles, c'est que du point de vue du développeur, **« le métier ne connaît pas son métier »,** il connaît plutôt son **« département métier »** mais n'est pas capable d'expliciter dans le détail le chemin algorithmique qu'il faut suivre. De fait, toutes les discussions sur les « règles de gestion » deviennent des discussions sans fin, qui peuvent très facilement virer à la mauvaise foi quand s'y greffent des considérations politiques.

Attaquer la conception d'un système logiciel par les règles de gestion métier c'est donc prendre la face nord en termes de résolution des problèmes. En revanche, essayer de résoudre le Design du système à partir des événements est plus intéressant parce que plus simple ; en ce sens là, il s'agit bien d'une *heuristique de Design*.

Notons que, quelle que soit la méthode, il s'agit toujours de **discrétiser un fonctionnement** (prendre quelque chose de continu et le découper en petits morceaux). La logique métier est comme une mélodie dont on sait qu'elle peut être découpée sur une partition par des notes de musique. Quel va être l'équivalent des notes de musique dans le système logiciel ? Ce sont les événements qu'il va donc falloir identifier. Bien sûr, pas *tous* les évènements, mais uniquement ceux qui ont un sens et une importance pour le métier.

Dans le *Design* d'un site e-commerce, ces évènements sont typiquement : « une recherche a été faite », « un produit a été consulté », « un produit a été mis dans le panier », « une commande a été passée », etc. Chacun de ces événements est comme la note d'une partition de musique.

Précisons que, dans un atelier *Event Storming,* **la manière dont est formulé l'événement est importante :** il s'agit d'une phrase simple sujet-verbe-complément avec le verbe conjugué au passé. Au passé, car cela indique qu'il s'est passé quelque chose qui maintenant est fini. Par exemple, dire « le train passe » peut prêter à confusion quant à savoir s'il a vraiment fini de passer. Dire « le train est passé » ne prête pas à confusion. Ensuite, il est recommandé de ne pas nommer *celui* ou *ce* qui déclenche l'événement, on ne dira pas « un client a passé une commande » mais « une commande a été passée » parce qu'il se peut très bien que dans certains cas d'autres utilisateurs ou d'autres systèmes puissent eux aussi déclencher cet événement, donc autant considérer l'événement en évitant toute forme de causalité finale (pourquoi cet événement a lieu ?) ou de causalité efficiente (qui ou quoi l'a demandé ou déclenché ?). Dans le déroulé d'un atelier *Event Storming,* ces informations seront ajoutées plus tard, une fois que la vision globale des événements du système aura été faite.

L'ensemble des évènements d'un système peut donc être exposé sur un mur avec des *stickers* d'événements, puis rangé selon une logique temporelle, toujours à la manière des notes de musiques, afin d'avoir une chronologie des événements du système, en quelque sorte la partition que le logiciel devra jouer.

2. La deuxième chose qu'il faut souligner avec l'atelier *Event Storming*, c'est le postulat selon lequel **l'espace dont on dispose pour positionner nos évènements est considéré comme infini ;** s'il n'y a plus de place sur le mur pour afficher des stickers d'évènements, alors on continue sur un autre mur.

Cette hypothèse de travail cherche à éviter les situations où la nature et la taille du support de travail tendent à trop simplifier le *Design*. Si on demande à deux personnes de représenter une organisation et que l'on donne à la première un simple sticker et à la deuxième un grand tableau blanc, il est évident que c'est sur le tableau blanc qu'on pourra être plus à l'aise et plus précis. Cela remet en exergue l'importance des lieux de travail et de **l'importance du management visuel** au sein d'une équipe. Cette importance, bien qu'elle soit évidente, est facilement négligée dans les entreprises : manque de tableaux blancs de grande taille, impossibilité d'écrire sur les murs, difficulté d'utiliser des stickers, etc. Le Design comme pratique de résolution des problèmes n'est pas une activité introspective et solitaire, elle est au contraire *très matérialiste* et n'existe au sens propre comme au sens figuré que sur des supports. Et ici, le problème à résoudre doit être visible par le plus de personnes possible[41].

Un atelier *Event Storming* est probablement la meilleure illustration de l'approche que Horst Rittel propose pour la résolution des problèmes fourbes. Nous la rappelons ici :

« Un processus argumentatif au cours duquel une image du problème et de la solution émerge graduellement parmi les participants ».

Avec l'*Event Storming* et la richesse des discussions qui ont lieu dans ce genre d'ateliers, c'est une architecture fonctionnelle, organisationnelle puis technique qui va progressivement émerger et, comme dans toute architecture, c'est avant tout **un compromis qui va être instauré de manière collective.** Cela illustre ce que Mark Richards et Neal Ford, dans *Fundamentals of Software Architecture* , appellent la première loi fondamentale de l'architecture logicielle[42] :

« Everything in software architecture is a trade-off ».

Et son corollaire :

« If an architect thinks they have discovered something that isn't a trade-off, more likely they just haven't identified the trade-off yet ».

41. Sur le management visuel, voir notre publication *Culture Flow*. https://publication.octo.com/culture-flow-livre-blanc-octo-technology
42. *Fundamentals of Software Architecture: An Engineering Approach*, Mark Richards et Neal Ford, Ed. O'Reilly, 2020.

ALBERT EINSTEIN

« Si j'avais une heure pour résoudre un problème, je prendrais 55 minutes à réfléchir au problème et 5 minutes à penser aux solution. »

L'espace du problème n'est pas l'espace de la solution

Nos propos s'appliquent avant tout à des systèmes et, en ce sens, nous pouvons dire qu'ils sont relatifs à la conception de systèmes : ici, *résoudre un problème* voudra essentiellement dire *concevoir un système*. Mais à ce vocable de *conception* nous avons préféré celui de *Design*. En effet, **le terme de conception est trop marqué par sa contrepartie qu'est la réalisation,** et l'on se retrouve trop facilement non seulement à *distinguer* mais aussi à *opposer* les deux, comme dans une organisation scientifique du travail où il y a d'un côté ceux qui pensent et conçoivent, et de l'autre ceux qui ne pensent pas et ne font que réaliser ce qui a été pensé par d'autres. Le mot de *Design* fait moins référence à une activité intellectuelle que ne le fait celui de conception, et cela nous va bien parce que ça laisse la porte ouverte à des techniques et à des méthodes de résolution de problèmes qui peuvent **passer les frontières entre différents domaines :** l'esquisse, la schématisation, l'intuition, les heuristiques, la conception formelle, le prototypage et la réalisation, pour n'en citer que quelques-uns.

Le fait de *Designer* pointe également du doigt vers une activité qui produit une synthèse entre différents domaines ou aspects ; *Designer, c'est faire tenir ensemble des choses distinctes et disparates* (par exemple la conception d'un système qui prend en compte les aspects techniques, fonctionnels, organisationnels et économiques). En ce sens, un scientifique ne fait pas de Design, il recherche la vérité et produit des théories. Nous l'avons déjà souligné, celui qui doit résoudre un problème ne cherche pas la vérité, il veut juste trouver une solution viable, qui fonctionne. Le *Design* n'est donc pas une recherche de la vérité mais plus modestement la recherche d'une forme de viabilité (ici encore une *viabilité* technique, fonctionnelle, organisationnelle et économique), nous sommes dans un domaine de compromis où le **« good enough »** prime sur la vérité. Le *Design* se trouve fort à l'aise dans cet entre-deux qui n'est ni le ciel platonicien des idées, ni le chaos d'un réel inconnaissable. Tel Hermès, le messager des dieux, le Design franchit les frontières et mélange les genres, jusqu'à trouver son inspiration dans l'expérimentation, **là où on pense avec les mains.**

La position du Designer ayant été ainsi formulée, on se rend immédiatement compte qu'elle a quelque chose d'intenable ; le Designer a quelque chose de similaire avec la diagonale du carré dont on sait qu'elle est incommensurable avec la longueur des côtés. Il est celui qui doit **faire tenir ensemble des incommensurables,** autant dire que l'espace du problème qu'il occupe est inconfortable. D'où la tentation de ne pas rester dans l'espace du problème et de se précipiter vers une solution existante. Si cette tendance à un véritable intérêt, notamment pour des petits problèmes déjà bien identifiés et afin de ne pas « réinventer la roue », elle devient douteuse quand on est confronté à un problème d'une certaine complexité. Dans le monde du logiciel et des systèmes d'information d'entreprise, cette tentation du plus court chemin pour résoudre les problèmes consiste à ne pas faire de *Design*, en occultant le plus possible l'*espace du problème* et en cherchant à y substituer l'*espace de la solution*. On est ainsi tout de suite rassuré parce qu'on n'a plus un *problème à résoudre* mais plutôt *une solution à mettre en œuvre*.

> *« Cette tentation du plus court chemin pour résoudre les problèmes consiste à ne pas faire de Design, en occultant le plus possible l'espace du problème et en cherchant à y substituer l'espace de la solution. »*

Cela se matérialise par un comportement consumériste qui cherche à choisir parmi ce que le marché offre comme solution sur étagère ; l'effort n'est pas porté sur le *Design* d'une solution mais plutôt sur la mise en œuvre d'une solution préalablement identifiée. La plupart des ERP (progiciels d'entreprises) jouent sur cet argument d'une solution intégrée prête à être mise en œuvre (avec de nombreuses références) qui rassure et en même temps assure – au sens assurantiel du terme – les entreprises qui font ce choix. En réalité, les questions de Design vont se poser, mais plus tard, dans le périmètre du progiciel choisi. C'est ainsi que de nombreuses entreprises font le choix d'un progiciel pour ne pas avoir à faire du « spécifique » mais en arrivent *in fine* à faire du spécifique en tordant jusqu'au dysfonctionnement la solution qu'ils avaient pourtant choisie pour ne pas avoir à faire du spécifique.

Prendre une solution générique et sur étagère rassure au début, mais, rapidement, les organisations se rendent compte de leur spécificité inhérente : on se retrouve à forcer une solution plutôt que d'avoir essayé de dénouer le problème initial. Dans cette démarche, on peut donc affirmer que **la solution prête à consommer et sur étagère se trouve être finalement le problème.** Et c'est là le génie commercial des vendeurs de progiciel : faire en sorte que le logiciel devienne le problème de votre client, ce qui n'est pas sans rappeler ce que John Bowden Connally, secrétaire du Trésor de l'administration Nixon, avait déclaré aux Européens qui se plaignaient de la fluctuation du dollar après que sa convertibilité en or ait été supprimée : « Le dollar est notre monnaie, mais c'est votre problème ».

Il y a essentiellement deux raisons à cette tendance solutionniste :

- Tout d'abord l'aspect assurantiel que nous avons souligné : aucun reproche ne sera fait à un décideur qui aura pris un progiciel du marché (s'il y a un problème, ce sera celui de l'éditeur ou de l'intégrateur).
- Également, nombreuses sont les entreprises qui n'ont pas ou plus les compétences de faire du Design de problème tout comme du développement logiciel spécifique : leurs directions des systèmes d'information étant majoritairement constituées de chefs de projet qui passent des commandes et suivent les prestations de sociétés externes, il s'agit plus d'activités de pilotage que de *Design*.

Loin de nous pour autant l'idée de nous faire les avocats d'un monde sans marché de solutions sur étagère, mais encore faut-il y avoir recours à bon escient, c'est ce que nous allons expliciter au paragraphe suivant.

Solution
center
kiosque
à solutions

Le marché des solutions

Ce qui est constitutif de la transformation digitale dont tout le monde parle depuis quelques années n'est pas que les entreprises utilisent des logiciels, ni même qu'il y ait une plus forte présence de progiciels dans les systèmes d'information, c'est qu'il a fallu se remettre à faire du Design logiciel car le prêt-à-porter logiciel s'est avéré avoir un coût économique et stratégique.

Le secteur des progiciels s'est imposé dans les années 90, d'abord auprès des grandes entreprises avec un discours marketing orienté contre les développement logiciels spécifiques, c'est-à-dire faits « à façon ». Il est vrai que les douleurs étaient réelles : **la maintenance et l'évolutivité des applications devenaient complexes,** parfois le départ de certains sachants pouvait mettre en péril le cœur des opérations de l'entreprise, sans compter que les fonctions prises en charge par les progiciels, aussi importantes soient-elles, n'étaient pas le cœur de métier des entreprises et n'avaient pas vocation à représenter un avantage compétitif : toutes les entreprises doivent faire de la comptabilité, de la logistique, gérer des systèmes de paies, etc. Mais, comme nous l'avons dit précédemment, nous avons assisté à un tour de passe-passe où l'argument de prendre des progiciels pour ne pas se perdre dans les affres du développement logiciel spécifique n'a pas vraiment été réalisé dans la mesure où la plupart des développements spécifiques ont perduré mais à la différence qu'ils se faisaient désormais dans le périmètre d'un seul outil choisi par l'entreprise.

La plupart des grandes entreprises se sont réorganisées autour de ces progiciels qui couvrent les grands domaines fonctionnels des entreprises : Logistique, Comptabilité/Finance, RH, CRM, etc. Ces progiciels ont mis au pas les entreprises en réorganisant le travail dans une logique dissociée : ceux qui conçoivent et spécifient, ceux qui paramètrent, développent et intègrent, enfin ceux qui opèrent.

Quand le phénomène de la transformation digitale est arrivé, **il s'est d'abord infiltré dans des zones d'ombre peu ou mal couvertes par ces progiciels.** Pour la plupart des entreprises, il a fallu ré-apprendre à travailler différemment et avec de nouveaux outils qui n'étaient plus des « solutions clés en main ». L'émergence et la maturité des logiciels et frameworks issus de la communauté open source, la prolifération de nouveaux langages de développement, les pratiques de développement logiciels, les méthodes agiles, le DevOps, etc. C'est comme si l'industrie et le marché du logiciel étaient passés du prêt-à-porter au sur-mesure. Ce qui justifiait ce sur-mesure était non seulement de nouveaux territoires fonctionnels non couverts par les progiciels mais aussi **l'émergence du grand oublié de la « progicialisation » des entreprises : l'utilisateur.** Orientée résolument sur la numérisation et l'automatisation des grands processus régaliens des entreprises, la mise en œuvre des progiciels s'est largement faite au détriment des utilisateurs. L'auteur de ces lignes se souvient d'avoir suggéré, il y a à peine une dizaine d'années, la mise en place d'une approche *Single Sign On* (SSO) à une grande entreprise française car les employés passaient leur temps à s'identifier sur plusieurs applications dans des proportions aujourd'hui inimaginables, pour s'entendre finalement dire par le comité de direction : « Quelle importance qu'ils aient à se reconnecter toute la journée puisqu'ils sont payés pour ça, non ? ». Si de tels propos peuvent être tenus pour les employés, ils ne peuvent toutefois pas passer les frontières de l'entreprise quand ce sont les clients qui deviennent les utilisateurs. La transformation digitale s'est d'abord imposée par l'extérieur, elle ne s'est jamais imposée par une pression interne. L'utilisateur était toujours la dernière roue du carrosse, c'était celui qui n'est jamais content, celui qui se plaint « alors qu'on fait tout ça pour lui ». Souvent, il fallait dépenser des sommes faramineuses en formation et conduite du changement pour pallier les défauts de conception initiaux.

« C'est faire preuve d'une grande humilité pour toutes ces populations que de reconnaître qu'elles ne sont plus les détentrices du savoir métier et qu'elles doivent réinventer leur positionnement dans la chaîne de valeur... »

C'est dans ce contexte que la figure du Designer a commencé à s'imposer : il a fallu concevoir différemment, notamment en intégrant la perspective de l'utilisateur dans ce qui est devenu aujourd'hui la User Experience (UX). Ce changement de perspective pose encore aujourd'hui de nombreuses difficultés aux entreprises qui ont été formatées par le rouleau compresseur des progiciels. Tous les départements de maîtrise d'ouvrage et d'assistance à maîtrise d'ouvrage (pour utiliser ce vocabulaire franco-français) ont une existence et une légitimité qui repose sur la connaissance et la maîtrise des processus de l'entreprise et leur capacité de spécification, mais les nouvelles façons de faire, telles que la spécification au fil de l'eau avec des feedbacks utilisateurs à mesure que des parties du logiciel sont mises en production, ont rendu caduque l'artefact que produisent généralement ces départements : le cahier des charges. Bien sûr qu'il faut continuer de spécifier mais cela doit se faire au fil de l'eau et de manière itérative, **c'est un changement radical dans les façons de travailler.**

L'importance de la connaissance de l'utilisateur dans ces processus de l'entreprise a permis de faire un constat assez dur pour la population qu'on appelle souvent le « métier ». On s'en aperçoit particulièrement quand il faut spécifier des règles de gestion assez fines. **C'est faire preuve d'une grande humilité pour toutes ces populations que de reconnaître qu'elles ne sont plus les détentrices du savoir métier et qu'elles doivent réinventer leur positionnement dans la chaîne de valeur.** En quoi consiste ce repositionnement ? En un mot il s'agit de devenir des *Designers*.

Il n'est pas rare de constater que ce sont les informaticiens de la DSI qui ont la connaissance réelle du métier, là où le « métier » n'en a qu'une connaissance théorique et idéalisée car, *in fine*, le « métier » réside dans les règles de gestion qui sont implémentées dans le code. La connaissance du métier doit être distribuée mais de manière explicite, car bien souvent **le terme de « métier » renvoie plus à une relation client-fournisseur entre les équipes qu'à une réelle vision métier.** Tout le monde connaît ce petit jeu visuel « Où est Charlie ? » où il faut trouver un personnage dans un dessin multipliant à l'infini des personnages, par exemple sur une plage ; on pourrait l'appliquer au monde de l'entreprise en se demandant « où est le métier ? », car il y est fréquemment fait référence dans des termes équivoques. Ainsi le « métier » peut être le client interne, celui pour lequel on travaille dans une relation client-fournisseur, le métier peut faire référence à ceux qui sont chargés des ventes et de la relation avec les clients de l'entreprise, le métier peut être porté par le savoir-faire de la production, il peut aussi parfois faire référence à ceux qui font la maîtrise d'ouvrage ou ceux qui portent la voix des utilisateurs, etc.

Notre conviction est que le « métier » est ce qui fait tenir ensemble les différents corps, départements ou organes de l'entreprise, dont les questions technologiques imposent une précision qui nécessite de devenir *Designer*.

STEVE JOBS

« There is an app for that ! »

Le solutionnisme de l'entrepreneur

Il y a une forme d'hégémonie dans la façon de voir le monde comme un ingénieur. Hégémonie dont les entreprises de la *Silicon Valley* sont les principaux hérauts. Des personnalités comme Bill Gates[43], Elon Musk ou Sergey Brin illustrent cette vision des choses qui sera reprise par de nombreuses startups dont **la « mission » prend souvent la forme d'un problème à résoudre.**

Mais est-ce si nouveau que ça ? Ne peut-on pas dire que cela commence avec la révolution industrielle ? Tesla, Watt, Boulton ne cherchaient-ils pas à résoudre des problèmes ?

Il est évident que toute démarche visant la résolution des problèmes n'est pas condamnable. Cependant il nous arrive trop souvent de constater des formes de court-circuitage du *Problem Solving* : **c'est quand la solution arrive avant le problème** en s'imposant comme une évidence face à un problème qui passe au second plan. C'est **le propre de tout discours idéologique non seulement d'inverser les causes et les finalités,** mais également de placer les finalités au-dessus de tout compromis car ce serait une forme de *compromission* de l'idéal. Et il n'y a pas qu'en politique que l'idéologie sévit : qui fréquente assez régulièrement des directions des systèmes informatiques dans les entreprises sait bien que le principal reproche qui est fait au « métier » c'est d'arriver souvent avec des solutions toutes faites, ce qui a le don d'agacer la DSI et de détériorer rapidement leur collaboration.

« Cependant il nous arrive trop souvent de constater des formes de court-circuitage du Problem Solving : c'est quand la solution arrive avant le problème en s'imposant comme une évidence face à un problème qui passe au second plan. »

43. Voir le documentaire *Dans la tête de Bill Gates*.

Ce genre de situation n'est pas l'apanage des relations entre IT et Métier dans les entreprises, on peut le vivre aussi dans un cabinet médical quand un patient qui a largement consulté le web en s'informant sur ses symptômes arrive chez son médecin en lui résumant qu'il a besoin de tel ou tel traitement car il pense avoir trouvé sur un forum médical le remède à ses maux (c'est le grand agacement des médecins, et un fait déterminant de l'évolution de la relation entre le thérapeute et le patient ces dernières années).

Le monde des startups est également un milieu qui abuse allègrement de l'hégémonie du *Problem Solving*. Ainsi leur raison d'être, ou leur mission, consiste souvent à mettre en exergue la solution qu'elles tentent d'apporter à un problème. Mais, comme l'a bien souligné le chercheur et essayiste Evgeny Morozov, on peut parfois douter que le problème supposé être résolu en soit vraiment un. Pire, la solution proposée pourrait bien, au contraire, s'avérer générer de nouveaux problèmes, ainsi sur sa page Wikipedia[44] peut-on lire :

« Morozov développe la notion de "solutionnisme technologique" pour expliquer comment chaque problème humain (politique, social, sociétal) est systématiquement transformé en question technique puis adressé par les acteurs du numérique privés ou les États avec des solutions numériques traitant les effets des problèmes sans jamais s'intéresser à leurs causes. »

C'est un même mouvement qui pervertit le *Problem Solving* **en plaçant la solution avant le problème, soit pour des raisons idéologiques, soit pour des raisons mercantiles.** Dans les deux cas, cela produit une vision à la fois utilitariste et consumériste : utilitariste parce que le problème n'est fondamentalement pas intéressant, seule compte la solution, et on néglige de ce fait tout ce que le problème pourrait révéler et nous apprendre pour aller immédiatement à la solution. C'est généralement la posture qui est prise par ceux qui évoluent dans les **environnements qui sont régis par le court terme,** et on sait qu'ils sont de plus en plus nombreux et fréquents. L'expression qui dit que pour celui qui a un marteau, tout devient clou, exprime bien la disparition du problème par l'usage systématique d'une solution à portée de main ; on enfonce les problèmes comme on enfonce les clous. Le risque avéré est que cela produise encore plus de problèmes à résoudre, mais ce n'est pas grave car c'est souvent la logique qui va constituer un marché.

On assiste donc à un phénomène de récursivité où la **solution technique à un *faux* problème génère un *vrai* problème** qui suppose la quête d'**une deuxième solution** et ainsi de suite. Cette **récursivité toxique** est une machine à générer des problèmes à laquelle doit faire face une politique industrielle basée sur un nouveau fondement de l'informatique théorique qui n'a toujours pas trouvé son langage.

44. https://fr.wikipedia.org/wiki/Evgeny_Morozov

Mona Lisa

Le disparate comme moteur de la résolution des problèmes en Design

Pour les animaux que nous sommes, **la technique est toujours de prime abord ce qui va permettre de résoudre plus rapidement les problèmes que ce qu'aurait pu permettre l'évolution des lois naturelles.** Ainsi la maîtrise du feu va changer nos pratiques alimentaires et notre métabolisme, le silex va décupler notre capacité de production, la lance et l'arc nos capacités d'action à distance, la roue nos capacités de déplacement, l'écriture nos capacités de gestion et d'éducation, et ainsi de suite jusqu'aux derniers objets technologiques numériques.

On pourrait considérer l'*histoire des techniques* comme une *histoire des solutions* aux problèmes rencontrés par l'humanité, mais ce serait sans doute incomplet et caricatural car les techniques peuvent aussi devenir des problèmes. C'est ce que disait Platon de l'écriture en la qualifiant de *pharmakon*, terme grec qui désigne à la fois un remède et un poison[45].

Au point qu'aujourd'hui, dans cette période que nous appelons *l'Anthropocène*, marquée par l'impact de nos développements technologiques industriels sur les écosystèmes vivants, nous en arrivons à **considérer la technologie comme étant LE problème de la biosphère** et par voie de conséquence de nous-mêmes y compris. Face à ce dilemme, deux attitudes antagonistes émergent[46] :

- ceux qui pensent qu'il faut **encore plus de technologies pour solutionner les problèmes d'origines technologiques,** en misant sur un rythme d'innovation et des progrès technologiques qui irait plus vite que les effets toxiques des technologies actuelles (en se référant à la dynamique de la destruction créative de Schumpeter) ;
- et ceux qui ne croient pas à ce pari technologique et préfèrent **miser sur des formes de décroissance ou de stratégie low-tech.**

45. Voir *Digital Studies Vol.1*.
46. Nous ne prenons pas en considération ceux qui soutiennent encore qu'il n'y a aucun problème.

Une des particularités des objets techniques, c'est qu'ils ont tendance à *faire système,* comme le clou qui n'existe que pour autant qu'il y a des marteaux. Chaque objet s'inscrit dans un système de renvoi vers d'autres objets pour former la Technosphère[47] qui se superpose à la Biosphère : **aucun objet technique n'existe réellement isolé des autres.** D'autre part, outre le fait de s'inscrire dans un système de renvoi, certains objets techniques peuvent également n'exister et ne fonctionner que pour autant qu'ils font partie d'un réseau (de transport, d'énergie ou de communication). Pour Simondon, la mise en réseaux des objets techniques introduit une *modification de leur mode d'existence* : il va même jusqu'à qualifier le réseau de « fallacieux ». Fallacieux en ce sens que le fonctionnement dépend totalement de la disponibilité et de la qualité du réseau :

« Or, le réseau est chose fallacieuse ; il n'est pas absolument constant. Certes, le réseau est très remarquable et permet le développement des techniques mais, par ailleurs, c'est une servitude que d'être raccordé au réseau. La preuve en est qu'une automobile, par exemple, se passe du réseau, elle emporte avec elle sa propre réserve de combustible, et elle va plus loin, elle est plus souple. […] Elle dépend d'un autre type de réseau, d'un réseau avec lequel le contact ne doit pas être constamment maintenu. »[48]

Aux caractères *systémique* et *réticulaire* des technologies s'ajoute la complexité des échanges qu'elles ont avec l'environnement, ce que les économistes appellent les *externalités,* qui peuvent être positives comme négatives : les industries de minage et d'excavation produisent ainsi des externalités négatives dans l'environnement. De la même manière, il existe de nombreux débats sur les externalités des réseaux 4G et surtout 5G qui pourraient avoir des effets toxiques sur la santé des habitants, et peut-être sur le vivant d'une manière générale.

Par voie de conséquence, la nature des problèmes qu'amène et qu'en même temps doit résoudre la technologie devient d'une complexité combinatoire entre tous les sous-composants du système, du réseau et des externalités. **On baigne littéralement dans les problèmes fourbes de Rittel.**

Le *Design* tel que nous le comprenons et essayons de le promouvoir est une activité qui, avant même de relever de la conception, cherche à faire tenir ensemble des dimensions parfois incommensurables. On pourrait penser au procédé de *disparation* (ne pas lire disparition) que décrivait Simondon en s'inspirant des théories psycho-physiologiques de la perception quand il rendait compte de la manière dont le cerveau produit une image unique provenant des visions *disparates* de chaque œil :

47. Ce que Kevin Kelly appelle le « Technium ».

48. *Entretien sur la mécanologie*, texte présenté par Vincent Bontems, https://docplayer.fr/17145322-Entretien-sur-la-mecanologie.html

« Il y a disparation lorsque deux ensembles jumeaux non totalement superposables, tels que l'image rétinienne gauche et l'image rétinienne droite, sont saisis ensemble comme un système, pouvant permettre la formation d'un ensemble unique de degré supérieur qui intègre tous les éléments grâce à une dimension nouvelle (par exemple, dans le cas de la vision, l'étagement des plans en profondeur). »[49]

La résolution du disparate se joue dans un nouvel espace, différent de celui des « données initiales » du problème ; et c'est en ce sens-là que nous comprenons la manière qu'a le *Design* de résoudre les problèmes. Il ne faut donc pas gommer le disparate sous prétexte qu'il serait – à la lettre – in-commensurable, c'est-à-dire sans commune mesure. La résolution *par le Design* n'œuvre précisément pas dans le domaine de la mesure et du calculable, car cela ne produirait qu'une moyenne, sans qualité différenciante. Le *Design* s'exprime quand il faut concilier l'inconciliable, quand les dimensions techniques, économiques, humaines et environnementales sont prises en compte.

« À vrai dire, la plupart du temps, quand un problème est éradiqué, soit il réapparaît ailleurs ou plus tard, soit sa disparition va elle-même générer d'autres problèmes qui peuvent être plus critiques... »

Nous avons déjà souligné que toutes les généalogies du mot *Design* remontent au *Disegno* du Quattrocento italien, à une époque où la complexité des projets architecturaux nécessita le recours au dessin et à la peinture avec l'emploi de la profondeur de champ, et grâce à l'invention de la perspective, afin de donner à voir ce qui n'existe pas encore. D'où la figure récurrente de Léonard de Vinci qui incarne mieux que personne la convergence des disciplines disparates dans le dessin, lui qui était, comme on peut le lire sur sa page Wikipedia : « à la fois artiste, organisateur de spectacles et de fêtes, scientifique, ingénieur, inventeur, anatomiste, peintre, sculpteur, architecte, urbaniste, botaniste, musicien, poète, philosophe et écrivain ».

On perçoit dans ce *Design*, qui fait tenir ensemble des choses disparates, **une forme de résolution des problèmes qui ne fait pas disparaître le ou les problèmes ;** il sont maintenus, mais leur résolution ouvre une nouvelle dimension qui les rend moins problématiques. La démarche peut paraître retorse car à quoi bon résoudre un problème si, une fois la résolution trouvée, il perdure ?

49. Simondon, *L'individu et sa genèse physico-biologique*, Paris, PUF, 1964, p.223.

Nous sommes en effet naturellement enclins à présupposer que la fonction d'une résolution est l'éradication du problème. À vrai dire, la plupart du temps, quand un problème est éradiqué, soit il réapparaît ailleurs ou plus tard, soit sa disparition va elle-même générer d'autres problèmes qui peuvent être plus critiques.

C'est cette idée qui rend séduisante l'approche de la permaculture en agriculture : un agriculteur qui a des nuisibles sur son champ peut chercher à les éradiquer grâce à un intrant chimique approprié (mais avec des effets toxiques globalisés), il peut aussi choisir de résoudre ce problème de manière « bio » par l'introduction de prédateurs de ces nuisibles pour modifier son écosystème. Alors l'agriculteur devient un *Designer*, c'est-à-dire autre chose qu'un simple exploitant qui planifie sa production en cherchant à éradiquer tous les problèmes qu'il peut rencontrer.

Le vingtième siècle a été le siècle d'une révolution de l'agriculture qu'on a appelé « verte », mais qui a consisté à résoudre le problème de l'alimentation en tuant les sols, puis en ajoutant des intrants chimiques pour palier la mort des écosystèmes nourriciers et des semences brevetées qui seules peuvent pousser dans cette désolation. On peut dire que la solution a été radicale et que le problème initial de nourrir la population a été effectivement résolu voire éradiqué. Maintenant seulement, et dans l'après-coup, nous commençons à mesurer le prix que nous avons à payer pour cette « solution ».

Il faut donc nous départir de cette idée que la résolution d'un problème consiste à le remplacer, par : une solution peut exister et émerger tout en maintenant le problème, mais en le rendant moins problématique (moins toxique, critique, urgent, prioritaire, etc).

CHARLIE CHAPLIN

Les temps modernes, 1936.

La prolétarisation des organisations

Ce que nous disions au paragraphe précédent, nous allons à présent le dire d'une manière différente : à savoir que l'exploitant agricole est une version prolétarisée de l'agriculteur. Le concept de prolétarisation, tel qu'il a été forgé par le philosophe Bernard Stiegler, est au cœur de nos publications dans la collection « Digital Studies » d'OCTO Technology et, à ce titre, il joue un rôle central pour décrire les enjeux que nous avons présentés relativement à la résolution des problèmes. La définition qui en est donnée est la suivante[50] :

« La prolétarisation est, d'une manière générale, ce qui consiste à priver un sujet (producteur, consommateur, concepteur) de ses savoirs (savoir-faire, savoir-vivre, savoir concevoir et théoriser). »

La prolétarisation comme tendance à la perte de savoirs a trouvé un allié de choix avec le processus d'évolution technologique. Quand Marx utilise le terme de « prolétaire », il désigne la population d'ouvriers qui, malgré son savoir-faire et la maîtrise d'un geste, **s'est retrouvée mise au service des machines** lors de la révolution industrielle, dans un travail qui devenait un emploi généralement abrutissant d'où plus aucun savoir ne peut émerger. Marx disait que si la population ouvrière était la première classe à être victime de la prolétarisation, celle-ci s'étendrait à toutes les couches de la société. Les progrès technologiques n'ayant cessé de se développer, nous y sommes à présent, tout le monde est touché. Si vous utilisez un lave-vaisselle il est fort probable que vous ayez perdu le savoir-faire de laver la vaisselle à la main avec un volume d'eau réduit. Si un jour nous « conduisons » des voitures autonomes, il est fort probable que nous perdions ce savoir du conducteur qui consiste à passer des vitesses, faire des créneaux, des démarrages en côte, etc. À mesure que notre environnement se « technologise », nous perdons des savoirs.

Mais ces pertes de savoirs ne sont-elles pas aussi bénéfiques ? Confier sa vaisselle à une machine, sa voiture à un algorithme, nous permet de faire autre chose, de développer d'autres savoirs. Évidemment, et c'est pourquoi la prolétarisation doit faire l'objet d'une attention permanente où *l'exercice du jugement* doit se faire régulièrement pour décider des savoirs que l'on accepte de perdre et de ceux que l'on souhaite développer.

Les mouvements autour de l'*Open Source* et du *Do It Yourself* s'inscrivent pleinement dans une volonté de garder et de maîtriser des savoirs, **ce sont des mouvements de déprolétarisation.** L'agriculture Bio et ses différentes déclinaisons dans la permaculture sont des mouvements de déprolétarisation où l'enjeu consiste à mieux connaître le vivant et acquérir le savoir du fonctionnement d'un écosystème.

50. http://arsindustrialis.org/prolétarisation

Ce qui est vrai pour un individu est aussi vrai pour un collectif et une entreprise. Ainsi ce qui est externalisé par une entreprise est normalement jugé non critique quant au savoir-faire de l'entreprise. Aussi, les questions de recentrage sur le « cœur de métier » des entreprises prennent un éclairage nouveau à la lumière du phénomène de prolétarisation.

Les plans de transformation digitale ont très souvent été la marque des entreprises qui avaient pris du retard sur leurs outils technologiques. Mais en voulant accélérer elles ont rapidement fait les constats suivants :

- des pans entiers de services informatiques avaient été externalisés ;
- la part des prestataires était trop forte par rapport au nombre de salariés dans les fonctions informatiques ;
- très peu de recrutements avaient été faits depuis des années dans les fonctions technologiques ;
- aucun savoir-faire méthodologique nouveau dans les manières de travailler n'avait innervé l'organisation qui doit à présent se mettre à faire de l'agile à marche forcée ;
- de nombreux collaborateurs passent leur temps à coordonner et piloter des prestataires sans avoir la connaissance des sujets qu'ils instruisent.

Un plan de transformation digitale est donc à plus d'un titre un plan de déprolétarisation numérique qui a des effets sur la maîtrise technologique, le savoir-faire méthodologique et aussi la culture de l'entreprise.

Que nous apprend notre thématique de la résolution des problèmes, eu égard au phénomène de prolétarisation ? **Qu'une entreprise qui est victime d'une perte de savoirs est beaucoup plus encline à vouloir rattraper son retard en se tournant vers le marché des solutions,** un peu comme un malade qui cherche la bonne pilule qui serait la solution miracle à ses problèmes. Le risque de cette automédication est de générer de nouveaux problèmes encore plus critiques.

Il ne faut pas s'interdire pour autant d'aller chercher des solutions existantes et « sur étagère ». Le mouvement autour des démarches de *Domain Driven Design* (DDD) dans le monde du logiciel, dont l'atelier *Event Storming* que nous avons pris pour exemple, fait clairement la distinction entre l'espace du problème et l'espace de la solution. Dans l'espace du problème, on s'attache à identifier les frontières de contextes fonctionnels comme autant de domaines qui vont contribuer au *Design* d'un logiciel complexe. À chacun de ces « *bounded contexts* », le DDD va attribuer une des trois qualifications :

- **Core Domain :** c'est là qu'un avantage compétitif du logiciel va s'exprimer, c'est aussi le domaine où la valeur ajoutée et le succès du logiciel vont se jouer. Il y a donc forcément du sens à faire du spécifique et à s'assurer que les savoir-faire sont au rendez-vous pour relever le défi.
- **Supporting Domain :** c'est un domaine fonctionnel dont la valeur réside avant tout dans sa capacité à supporter un *Core Domain*. Généralement, il ne nécessite pas de savoir-faire pointus et peut même être en partie externalisé ou acheté sur étagère.
- **Generic Domain :** c'est un domaine fonctionnel tout à fait commun. Bien

que nécessaire, il n'a aucun intérêt à être développé de manière spécifique ; on regardera les librairies logicielles, les progiciels ou les services en ligne pour y répondre.

Notre expérience nous a montré que les entreprises qui développent des plateformes logicielles, sont souvent surprises, après un atelier *Event Storming* qui a fait émergé un découpage en domaines fonctionnels, quand on leur demande de classer chaque domaine selon les trois qualifications précédentes. À la première tentative tout est généralement important et critique, c'est à dire relevant d'un *Core Domain*, mais **si tout est important cela veut aussi dire que rien n'est important.** Si la qualification des efforts à faire sur des parties du logiciel n'a pas été faite, c'est le signe avant-coureur d'un logiciel en mode « *big ball of mug* » dont la complexité ne va pas être gérée, mettant en péril sa réalisation, son évolutivité ainsi que son modèle économique, même pour un logiciel à vocation interne. Rappelons ce que Brian Foote et Joseph Yoder écrivaient dans leur article de 1999 [51] :

« *Une grande boule de boue est une vaste jungle de code mal structuré, programmé en spaghetti, peu soigné et souvent rafistolé. Ces systèmes témoignent clairement des traces d'une expansion incontrôlée, ainsi que de fréquentes réparations opportunes et improvisées. Les informations sont partagées sans distinction parmi les éléments distants du système, souvent jusqu'au point où presque toutes les informations importantes deviennent globales ou dupliquées. La structure du système dans son ensemble n'a peut-être jamais été bien définie. Si elle l'a été, le système a été tellement détérioré qu'il est impossible de la reconnaître. Les programmeurs avec un brin de sensibilité architecturale fuient ces bourbiers. Seuls ceux qui ne sont pas préoccupés par l'architecture, et qui, peut-être, ne sont pas dérangés par l'inertie d'une corvée quotidienne consistant à coller des rustines sur ces digues défaillantes, sont heureux de travailler sur de tels systèmes.* »

« *Une entreprise qui est victime d'une perte de savoirs est beaucoup plus encline à vouloir rattraper son retard en se tournant vers le marché des solutions.* »

La première vertu d'une démarche de résolution de problème réside donc dans sa capacité à découper le problème et à donner du relief afin de répondre à la question que pose la prolétarisation : **où est-ce que je veux développer des savoirs, et où j'accepte d'en perdre ?**

Naviguer dans l'espace du problème et donner ainsi du relief à ses parties et à leur fonctionnement systémique est selon nous un savoir qui en aucune manière ne doit être abandonné. Dit autrement, aucune entreprise ne peut raisonnablement se passer de cette capacité à faire du *Design*. C'est ce que dit la phrase d'Apple : « *Design in California, assembled in China* », dont se fait l'écho le livre hommage à Jonathan Ive, le *Designer* d'Apple, *Design By Apple in California*[52].

51. Brian Foote et Joseph Yoder, « Big Ball of Mud », Fourth Conference on Patterns Languages of Programs (PLoP '97/EuroPLoP '97) Monticello, Illinois, septembre 1997.

52. https://www.apple.com/fr/newsroom/2016/11/designed-by-apple-in-california-chronicles-20-years-of-apple-design/

MAXWELL

Allusion à l'expérience de pensée de James Clerk Maxwell visant à remettre en cause la seconde loi de la thermodynamique.

Le problème de l'entropie, vers un Design émergent

Dans le cheminement que nous avons proposé, il apparaît clairement qu'**à chaque fois que le vivant entre dans l'équation,** la résolution des problèmes devient encore plus complexe et nécessite une autre approche du *Design*. Ce « vivant » pouvant être l'utilisateur, l'habitant, les animaux, les végétaux, jusqu'à l'ensemble des écosystèmes qui forment la biosphère, et sans oublier le *Designer* lui-même.

Souvenons-nous ce que nous annoncions en début d'ouvrage : qu'un problème est d'abord une relation problématique et qu'il n'y a que le vivant qui a des problèmes ; un site web ou n'importe quel système technique qui dysfonctionne est avant tout un problème *pour quelqu'un* et pas *pour quelque chose*. Et puisqu'il n'y a de problèmes que pour le vivant, c'est peut-être le moment de rappeler que le premier et le plus important des problèmes du vivant, c'est la mort ! Cette conscience de notre mort à titre individuel, mais aussi collectif comme l'écrivait Paul Valéry en 1919 : « nous autres, civilisations, nous savons maintenant que nous sommes mortelles ».

Vivre c'est « persister dans son être », écrivait Spinoza, en s'efforçant **non pas de vouloir échapper à la mort, mais tout du moins en différant, autant que faire se peut, sa venue.** Ce qui est ainsi différé, c'est le fait de « redevenir poussière » comme le dit la Bible, c'est-à-dire matière indifférenciée et sans forme qui a perdu son principe d'organisation et qui ne peut plus maintenir une forme d'homéostasie.

Pourtant, c'est folie que de croire, sous prétexte que le premier des problèmes pour le vivant est la mort, que celle-ci pourrait être résolue au sens d' « éradiquée ». C'est pourtant ce qui transparaît de l'idéologie transhumaniste – très présente dans le milieu des technologies numériques – dont un des crypto-représentants français, Laurent Alexandre, participant à la conférence USI organisé par OCTO en 2014 avait lancé cette adresse à un public ravi : « il y a peut-être parmi vous des personnes qui, grâce aux progrès technologiques, vivront 1000 ans ! ».

Mais notre étoffe de mortels est ainsi faite que nous rêvons de l'impossible ; que nos cultures et nos croyances sont tissées de ces mythes qui tentent de trouver une solution à la mort. C'était déjà le cas avec Gilgamesh, ce roi de Mésopotamie du début du IIe millénaire av. J.-C. dont nous avons gardé la trace écrite de son épopée à la recherche d'un moyen d'éviter la mort. Mais aussi avec Achille qui choisit de mourir en héros lors du siège de Troie pour devenir immortel dans la mémoire des hommes, ou du mystère de la résurrection dans le monothéisme chrétien. **Mythes, magie et croyances ont produit des récits sur des formes de résolution du problème de la mort.** Aujourd'hui, ces mêmes histoires se réinventent à l'aune de notre actualité technologique, et l'on comprend pourquoi les entreprises technologiques proposent des jobs d'Évangélistes. Mais le vivant d'une manière générale est aussi celui qui a inventé des ruses pour défier la mort dans toutes ses stratégies imaginatives de reproduction où c'est la mort de l'individu qui se met au service de la survie de l'espèce, illustrant ce que nous disions de la résolution des problèmes qui maintiennent le problème en inventant une résolution qui se joue sur un autre plan.

« Les lois de la thermodynamique tendent à décrire les lois auxquelles est soumise l'évolution des systèmes. »

En ce qui concerne les systèmes techniques, qui se distinguent du vivant en ce qu'ils sont des artefacts, c'est-à-dire fabriqués et non nés, on dira que **« rester en vie » c'est rester en état de fonctionnement.** Ainsi une ampoule d'une caserne de pompier aux USA est devenue célèbre car elle fonctionne depuis plus de 100 ans de manière continue. Seulement voilà, son filament ne produit quasiment plus de lumière ce qui est économiquement une aberration parce que le rendement est trop dégradé.

Ce qui tend à montrer qu'on n'attend pas des systèmes techniques de simplement fonctionner, mais **également d'avoir un bon rendement pour assurer la rentabilité de leur existence.** C'est pour cela qu'il y a de la maintenance, de la réparation, des mises à jour et évolutions en tout genre. Cette dépendance du rendement à la rentabilité est manifeste dans les questions d'obsolescence programmée, quand la fin de vie est programmée pour des raisons de rentabilité (celle de celui qui la produit, pas celle de celui qui l'achète).

Toujours, dans les questions industrielles, rendement des systèmes techniques et rentabilité des modèles économiques sont intimement liés. Faut-il pour autant dire qu'il y a un primat de l'un sur l'autre ? À la vérité, ils sont interdépendants : **pas de rentabilité sans rendement, et pas de rendement sans rentabilité, chacun exerce son dictat sur l'autre.**

Quand Sadi Carnot, dans son mémoire de 1824, cherche à élucider l'origine de la déperdition d'énergie dans les moteurs thermiques, il inaugure un vaste champ de recherche qui, de l'ingénierie à l'astrophysique en passant par la biologie et la théorie de l'information, s'inquiète de la provenance de ce phénomène de dissipation d'énergie qui fait chuter les rendements. Ce qui s'inaugure avec la naissance de la thermodynamique, **c'est une investigation transdisciplinaire qui va se cristalliser dans le terme d'entropie.**

Le problème sur lequel se penche Sadi Carnot, inaugure le « temps des problèmes » dont le marqueur est la question de l'entropie. Le problème que pose la dissipation de l'énergie dans le moteur thermique va s'avérer être transposable dans plusieurs disciplines : physique, biologique, économique, sociologie, écologie, etc. C'est aussi la raison pour laquelle, bien que tout le monde parle d'entropie, personne n'est vraiment d'accord. Et ce n'est pas pour rien que Neumann aurait conseillé à l'ingénieur en communication et traitement du signal qu'était Shannon d'appeler une de ses variables « entropie » informationnelle, sous prétexte que, de toutes manières, personne ne comprenait ce qu'était l'entropie. Méfions-nous en conséquence de trop rentrer dans les débats sur la nature de l'entropie en nous contentant de dire que c'est une mesure, soit du niveau de désorganisation, soit du niveau d'imprédictibilité de l'évolution d'un système. En théorie de l'information, **on présente aussi parfois l'entropie comme étant le contraire de l'information,** ce qui fait que l'on parle parfois de l'entropie d'un logiciel comme étant son « encroûtement » qui est le symptôme d'une dette technique qui n'a jamais été remboursée : système en production et entropie vont très bien ensemble ! La conséquence étant qu'il faut beaucoup d'énergie et de moyens aussi bien pour le maintenir que pour le faire évoluer.

Si notre petite épopée de la résolution des problèmes nous conduit à l'entropie c'est parce que l'entropie et **les lois de la thermodynamique tendent à décrire les lois auxquelles est soumise l'évolution des systèmes -** vivants et artéfactuels – et que nous en sommes arrivés à caractériser les problèmes comme étant de nature fondamentalement entropiques.

Résoudre un problème c'est convoquer des puissances néguentropiques (qui produisent de l'organisation) au cœur d'un devenir entropique, à l'image de ces tourbillons dans la rivière qui font que, localement, le courant arrive à s'écouler en sens inverse de la direction globale du courant. En effet, les phénomènes néguentropiques sont toujours locaux, éphémères et toujours à réinventer pour **faire émerger des exceptions dans le règne global et hégémonique de l'entropie.**

À ce stade, pointer du doigt l'aspect local des solutions, c'est remettre en perspective l'importance du *contexte* que soulignait Christopher Alexander quand il décrivait les *patterns* comme étant l'articulation entre la solution à un problème *dans un contexte,* car le contexte est ce qui est toujours local. Et on comprend également pourquoi l'ouvrage qu'il publie en 2000 s'intitule *The nature of Order* avec comme premier tome *The Phenomenon of Life*.

Nous avons rappelé à quel point Christopher Alexander était fasciné par le phénomène de différenciation progressive des espaces en architecture, et l'importance de la récursivité dans le *Design*. Remis dans le contexte de notre propos sur l'entropie, cela signifie qu'il y a des phénomènes d'émergence néguentropiques au sein même du devenir entropique. D'où la tentation de qualifier le *nouveau Design*, que nous appelons de nos vœux, de **« *Design émergent* »**.

Conclusion

Le panorama que nous avons proposé pourrait laisser penser que « tout est problème », mais ce n'est pas le cas. Le territoire des problèmes a ses limites et, à l'image de Kant qui voulait délimiter les usages légitimes de la raison en produisant une *Critique de la Raison Pure*, il y a une critique à faire – c'est-à-dire **une délimitation du territoire des problèmes.**

Nous avons montré en quoi la pensée de l'ingénieur, avec son paradigme de résolution des problèmes, tendait à être dominante et hégémonique à notre époque dont les crises sont autant de problèmes qu'il faut résoudre et de solutions à trouver. Mais la science, par exemple, ne cherche pas à résoudre des problèmes ; elle *pose des questions* qui ont rapport à la vérité là où l'activité de résolution des problèmes se contente d'une solution qui fonctionne : l'efficience prime avant tout. Or le domaine de la vérité n'est pas *exactement* celui de l'efficience.

La plupart des idées platoniciennes telles que la justice, le bien, le beau, la vérité, l'amour, etc. désignent des choses qui ne relèvent pas de la résolution des problèmes. On peut certes toujours appliquer une méthode de résolution des problèmes à propos de tout, mais cela ne répondra pas pour autant à toutes les questions.

Si le Graal de toute résolution est de mettre en équation un problème pour systématiser sa solution, il faut aussi rappeler que tout calcul, aussi véridique soit-il, n'épuise jamais ce qui est calculé. **Il y a toujours quelque chose qui échappe au calcul.**

C'est la force de Rittel, avec ses « *wicked problems* », d'avoir montré qu'il y a des problèmes qui n'ont pas de solution ; on peut tout au mieux obtenir des compromis et tenter de trouver un optimum. D'ailleurs bien souvent les solutions n'ont rien de définitif, elles ne closent pas le problème, elles le « diffèrent », le déplacent, le transforment, voire le font éclater dans un feu d'artifices de nouveaux problèmes.

Quoiqu'il en soit, le ***Problem Shaping* est toujours ce qui précède le *Problem Solving*** surtout si on veut résister à l'appel des sirènes solutionnistes qui sont prolétarisantes.

Notre message est en substance le suivant : explorez l'espace des problèmes, modélisez-le, comme avec l'*Event Storming,* faites un artefact de votre système, car même si on sait que tous les modèles sont faux, ils n'en restent pas moins de puissants outils d'exploration et d'anticipation des conséquences que certaines solutions trop rapides peuvent générer.

N'oublions pas également que la plupart des situations dans les entreprises ne s'inscrivent pas résolument dans des démarches de résolution des problèmes. **Il est probable que la majorité des situations sont des situations où tout simplement rien n'est fait, rien n'est décidé.** Mais ne rien faire fait aussi partie de l'espace des solutions.

Si la tentation de tout résoudre par le calcul devenait trop forte en ces temps de *Problem Solving* dopés à l'IA, rappelons-nous ce vers de Paul Claudel : « Il faut qu'il y ait dans le poème un nombre tel qu'il empêche de compter ». La singularité du vivant fait qu'on ne peut jamais le réduire à du calcul et donc à toute forme de prévisibilité car le vivant est l'imprévisible par excellence dans son évolution, il est ce qui échappe à l'entropie, il est ce que Schrödinger appelait, dans son livre *Qu'est que la vie ?*, la néguentropie.

Notre mission est de *Designer* des technologies pour le vivant, en essayant de prendre notre responsabilité afin de rendre le monde moins immonde, et le *Design émergent* avec sa dimension récursive est notre crédo.

Du même auteur

Christian Fauré

⊙ **Digital Studies Volume 01**

Cadre d'interprétation des enjeux numériques - 2016

⊙ **Digital Studies Volume 02**

La question du temps dans les architectures digitales - 2017

OCTO Technology

CABINET DE CONSEIL ET DE RÉALISATION IT

« Nous croyons que l'informatique transforme nos sociétés. Nous savons que les réalisations marquantes sont le fruit du partage des savoirs et du plaisir à travailler ensemble. Nous recherchons en permanence de meilleures façons de faire. THERE IS A BETTER WAY ! »

– *Manifeste OCTO Technology*

Dépot légal : Mars 2022

Conçu, réalisé et édité par
OCTO Technology.
Imprimé par Deja Link.